《检察研究》编辑委员会

PROCURATORIAL STUDY

检察研究

江苏省人民检察院◎组织编写　　编委会主任◎刘华

2019年·第3辑

法律出版社
LAW PRESS·CHINA

目录 Contents

前沿探讨

主题研讨

未成年人司法

调查报告

检察实务

案例分析

前沿探讨

重大刑事案件认罪认罚从宽制度的实践考察与理论探索

袁丹彤　王　丹*

摘要：重大刑事案件适用认罪认罚从宽制度存在不敢适用、不愿适用、不善适用的司法困境。重大刑事案件落实认罪认罚从宽制度有其独特价值，契合法律面前人人平等原则的应有之义，体现刑罚惩戒与教化并重的双重价值，有利于强化犯罪预防、减少社会对抗。认罪认罚从宽制度兼具刑事实体法与程序法两方面的内容，应在“刑事一体化”视角下进行体系化的解读。司法理念上，需要秉承坚持检察机关制度适用主导者的定位、不降低法定证明标准、不放松认罪认罚自愿性和明知性审查等原则。制度设计上，应科学划定案件范围，积极、审慎地推进制度适用，确立从宽幅度、优化量刑减让梯度，改变现有法律援助律师分别指派模式，确保律师深度参与。公诉履职上，应注重被害人权利保障、调整法庭调查和辩论重点。

关键词：重大刑事案件　认罪认罚从宽　实践考察　制度构建

认罪认罚从宽制度改革部署以来，理论界和实务界的研究重点、改革期望均聚焦于速裁程序、简易程序办理的刑事案件的司法处遇，而对以普通程序为程序样态的重大刑事案件认罪认罚从宽制度的研究鲜有论及，对重罪案件认罪认罚从宽制度适用的价值定位、适用范围和证据制度等问题的研究尚显滞后，重大刑事案件如何合理纳入认罪认罚从宽制度体系，迄今尚无成熟的理论方案和清晰的改革路线图。司法实践中，各地对重

---

* 袁丹彤，江苏省扬州市人民检察院法律政策研究室副主任；王丹，江苏省扬州市扬州经济技术开发区人民检察院检察官助理。

大刑事案件适用认罪认罚从宽制度均采取了审慎保守的态度。重大刑事案件如何适用认罪认罚从宽制度,成为亟待开拓的新课题。

一、实践样态:重大刑事案件认罪认罚从宽实证考察

(一)扬州地区适用认罪认罚案件数据概括

笔者以 2018 年 11 月至 2019 年 4 月的扬州市一审公诉案件数据为样本,对适用认罪认罚案件开展了专题调研。从适用罪名看,全市共有 60 个罪名适用认罪认罚从宽制度,其中排名前三的罪名分别为盗窃(297 人,24.36%)、危险驾驶(270 人,22.15%)、交通肇事(108 人,8.86%);重大刑事案件适用认罪认罚从宽制度的仅有 12 人,包括强奸(10 人)、抢劫(1 人)、故意杀人(1 人)。从庭审程序看,全市适用认罪认罚从宽制度案件,一审法院适用速裁程序的共 425 件,占 49.08%;适用简易程序审理的共 419 件,占 48.38%;适用普通程序开庭审理的共 22 件,占 2.54%。从判决结果看,适用认罪认罚从宽案件,一审判决不满 3 年有期徒刑及拘役、管制、单处罚金、免予刑事处罚的人数占比 93.85%,宣告缓刑人数占比 61.45%。

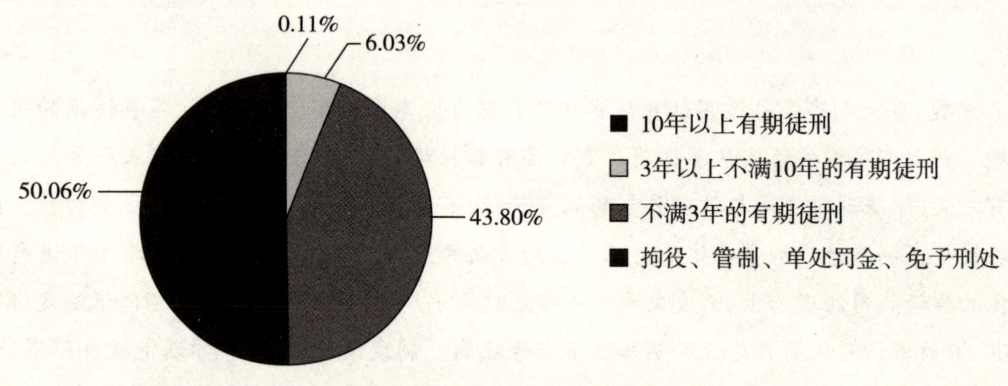

图 1 认罪认罚从宽案件一审宣告刑

(二)重大刑事案件适用认罪认罚从宽制度的司法困境

根据修改后的《刑事诉讼法》规定,认罪认罚从宽制度适用的案件范围原则上没有限制,即犯罪嫌疑人、刑事被告人自愿如实供述自己罪行、对指控犯罪的犯罪事实没有异议、愿意接受处罚的,均可以适用。也就是说,所有犯罪案件都可以适用认罪认罚从宽制度,只要被追诉人在刑事诉讼过程中选择认罪认罚并符合条件的,就应当公平地获得从宽处理的机会。但是,通过上述数据不难发现,司法实践中对重大刑事案件适用认罪认罚制度仍然采取审慎保守的态度。究其原因在于:

1. 不敢适用:报复性司法理念的深刻影响

对司法人员来说,暴力犯罪、毒品犯罪、涉众型经济犯罪等素来是刑事司法重点惩处的对象,故而对于命案、造成巨大损失的经济犯罪案件,司法界多对制度适用持犹豫、审

慎、保守甚至反对的态度；对社会公众来说，“杀人偿命”等传统报复性司法理念根深蒂固、影响深远。而认罪认罚从宽制度对于被追诉人而言并非一项可以自主选择的权利，只是一项被动接受的程序，那么，实践中对于情节恶劣、后果严重的重大刑事案件适用认罪认罚从宽制度就存在“不敢用”、不急于用或者不必要用的观念障碍。

2. 不愿适用：程序未必“简”

现有制度对重大刑事案件的认罪认罚并未设计专门的诉讼程序，也就是说，重大刑事案件在现有法律体系内只能适用普通程序审理，未能充分体现认罪认罚从宽制度“程序从简”的价值。检察机关受理认罪认罚案件后，需要告知犯罪嫌疑人认罪认罚的权利义务、与犯罪嫌疑人及其辩护人交换意见、增加讯问被告人次数，听取被害人意见促成刑事和解、提出具体的定罪量刑意见并签署具结书，且实践中还存在庭审阶段不认罪的程序回转案件，与以往办理案件相比，认罪认罚从宽制度适用增加了检察机关的工作任务。而重大刑事案件中证据证明标准相对更高、程序简化空间更小，检察人员需与犯罪嫌疑人、律师进行多次释法说理、协商沟通，还要充分考量被害人及其亲属的诉求和权利保障，法律文书、律师介入等比原有简易程序案件办理要求更为烦琐等问题，也会影响承办人对制度适用的积极性。

3. 不善适用：量刑建议精准度的挑战

提出相对精准的量刑建议，是适用认罪认罚从宽制度的条件之一。一般来说，量刑建议越具体，犯罪嫌疑人及其辩护律师与检察机关协商的动力越大，达成一致的可能性也越大。但因现阶段量刑数据库建设不完善，重大刑事案件实现精准量刑数字化管理一时难以实现，尤其在命案等疑难复杂案件中，如何精准地提出被犯罪嫌疑人、辩护人、被害人、侦查机关、合议庭等多方均接受的量刑建议存在难题。另外，对于认罪也认可量刑，但不能有效履行财产刑的重大刑事案件，是否能够适用该制度也需要进一步厘清。

二、必要性考察：重大刑事案件落实认罪认罚从宽制度的独特价值

认罪认罚从宽制度在轻罪与重罪中都具有提升司法效益、实现繁简分流和体现司法人道主义的同质化要素，但鉴于重罪和轻罪在罪质、量刑等方面存在明显的不同，重罪案件适用认罪认罚存在不同于轻罪案件的独特价值。

一是契合法律面前人人平等原则的应有之义。既然现行法律对认罪认罚从宽制度适用的案件范围并无限制，那么只要被追诉人在刑事诉讼过程中选择认罪认罚并符合条件的，就应当公平地获得从宽处理的机会。“确保无论轻罪、重罪案件都有适用制度的可能性，才能维护法律适用的公平性。”①故只有对轻罪、重罪均等地适用制度，才契合这一

① 张相军、顾水忠、陈瑞华等：《检察环节认罪认罚从宽制度的适用与程序完善》，载《人民检察》2016年第9期。

古老法则的内核理念。

二是体现刑罚惩戒与教化并重的双重价值。轻罪案件的“从宽”更多是通过非羁押强制措施和不起诉裁量权的适用来实现,而重罪案件则更多通过偏低的量刑建议来完成;相较于轻罪案件,重罪案件律师深度介入量刑协商,因其中立性和专业性,在说服教育、协调退赃退赔等方面的效果可能更为明显。“刑罚之于司法的意义并不仅仅在于惩戒,更在于教化。”[①]重罪案件所破坏的社会利益和社会关系更加严重,值得获得更多的关注、修复和补偿,在重大刑事案件中适用认罪认罚从宽制度,允许重罪之人通过真诚悔罪修复被破坏的社会关系,评估重罪案件犯罪嫌疑人到案后人身危险性的变化,在刑罚上予以区别对待,既是司法对人性的尊重,也有助于感化重罪之人弃恶向善,契合刑罚惩戒与教化并重的双重价值。

三是有利于强化犯罪预防、减少社会对抗。从快的效率价值是轻罪案件认罪认罚制度的首要功能,但重罪案件还应注重实现教育转化和挽救改造等其他功能,从而减少社会对抗、增加社会和谐。在重罪案件中,推进认罪认罚从宽制度的适用,通过综合评估被追诉人到案后人身危险性的变化,对于真诚悔罪之人,给予其改过自新的机会,促使其真正认罪悔罪,从而降低再犯罪率,最大限度地减少社会对抗因素。值得指出的是,与轻罪案件体现的从快的程序效率价值不同,重大刑事案件适用认罪认罚制度更多地体现实体上的效率,即通过吸引犯罪嫌疑人、被告人尽早选择认罪认罚程序,获取其供述,并以此将客观证据及其他言词证据串联起来,完善证据链体系,为查明案件事实做出指引。一旦越来越多的犯罪嫌疑人、被告人愿意选择认罪认罚程序,并通过认罪认罚换取较大的量刑优惠,就可以达到一种良性循环,这种激励机制的建立也会减少社会对抗因素。

三、路径探索:完善重大刑事案件适用认罪认罚从宽制度的建议

认罪认罚从宽制度兼具刑事实体法与程序法两方面的内容,理应在“刑事一体化”视角下进行体系化的解读,针对重大刑事案件特点进一步明确价值追求,设计完善相应的诉讼程序,确保认罪认罚从宽制度体系完整性,更具时代特点和现实意义。

(一)司法理念方面

当前,重大案件认罪认罚从宽制度的顶层设计还较为原则,笔者认为,在重大刑事案件中适用认罪认罚应秉承以下原则。

一是坚持检察机关制度适用主导者的定位。把握好检察机关在认罪认罚从宽制度框架下的定位,是重大刑事案件中正确适用制度的前提和基础。检察机关作为国家追诉的执行者、刑事政策的调控者、程序分流的主导者、诉讼活动的监督者、案件质量的把关者,在认罪认罚从宽中承担主导责任。犯罪嫌疑人通过自愿认罪、量刑协商与检察机关

---

① 卞建林、张可:《中国刑事司法改革的路径思考》,载《中国司法》2017 年第 1 期。

达成一致,签署具结书。协商系在检察机关的主导下进行,对是否与犯罪嫌疑人进行认罪认罚协商具有决定权,是检察机关审前主导作用的重要体现。司法实践中,越来越多的命案和毒品类案件的犯罪嫌疑人在侦查阶段始终拒不供认自己的犯罪行为,甚至在其他证据能够证明其犯罪事实的情况下仍然负隅顽抗。在诸如此类重大刑事案件中落实认罪认罚从宽制度,促使犯罪嫌疑人、被告人自愿认罪、认罚的主体只能是检察机关,检察机关作为负责审查起诉的公诉人,在提起公诉前通过各种合法手段促进犯罪嫌疑人认罪认罚,并且通过一定的措施巩固犯罪嫌疑人认罪认罚的效果,积极发挥公诉在审前程序中的主导作用。

二是不降低法定证明标准。被告人供述在罗马法中被称为"证据之王",是由于口供在还原犯罪事实中发挥着极其重要的作用。重大刑事案件,如毒品案件、行受贿案件、命案等,有相当一部分案件都存在天生的"证据缺陷",有罪供述对查明案件事实至关重要,很多时候需要以犯罪嫌疑人、被告人的供述为主线,将客观证据及其他言词证据串联起来,从而形成完整的证据链体系,清晰还原案件事实。程序简化不等于降低证明标准,尤其重大刑事案件往往涉及更加复杂的案件事实、面临更加严厉的刑事处罚,更要从严掌握证明标准,贯彻证据裁判原则,确保有罪供述与在案客观证据相互印证,从而达到事实清楚、证据确实充分的要求。

三是不放松认罪认罚自愿性和明知性审查。加强对认罪认罚案件的监督,确保制度公正适用是检察机关法律监督宪法定位的必然要求。保障犯罪嫌疑人、被告人在自愿的前提下认罪认罚,是该制度取得实效的关键,对侦查阶段认罪认罚自愿性进行审查是应有之义。在刑事诉讼中,犯罪嫌疑人、被告人大多缺乏专业法律知识,更缺乏诉讼经验和知识,"被告人因自身知识、能力有限,对控方指控案件的知情程度、对证据材料的掌握、对法律的理解、对权利的知悉等处于弱势状态",①其对认罪认罚的性质和法律后果很难做到真正了解,就需要通过制度来确保其认罪认罚的自愿性。检察机关应当强化对被追诉人认罪认罚之自愿性、明知性的审查,尤其注意审查侦查过程中是否存在威胁、引诱、欺骗等违法行为,如果侦查机关采取不法手段强迫犯罪嫌疑人违背意愿认罪认罚,则该供述应当作为非法证据予以排除。重罪案件认罪认罚从宽的自愿性应从犯罪嫌疑人、被告人意思表示自愿真实出发,基于对权利与后果的充分认知、出于对案件情况的理性考虑、源于自由意志自主决定。为确保认罪认罚自愿性,应从案件适用范围、权利告知、程序监督、有效法律帮助、任意反悔权等方面建构贯彻全程的制度保障体系。

(二)制度设计方面

一是科学划定案件范围,积极、审慎地推进重罪案件认罪认罚从宽制度的适用。从案件的社会危害性、犯罪嫌疑人的主观恶性、教育挽救的可能性及社会关系修复的可能

---

① 曾亚:《认罪认罚从宽制度中的控辩平衡问题研究》,载《中国刑事法杂志》2018 年第 3 期。

性等角度考量,科学划定、统筹推进制度的案件适用范围。对于犯罪性质恶劣、犯罪手段特别残忍、社会危害严重的案件不宜一律排除适用;对于没有具体受害人的案件,如职务犯罪、证券犯罪等案件普遍适用制度;对疑难复杂的命案、毒品犯罪案件、经济犯罪案件积极推行适用;对于涉财案件,将是否积极退赃退赔作为判断认罚态度的重要考量因素;对于有被害人的案件,将取得被害人谅解作为量刑的重要考量因素。

二是确立从宽幅度,优化量刑减让梯度。量刑建议是认罪认罚从宽的落脚点,也是我国公诉制度的改革亮点。有的犯罪嫌疑人是在被抓获之初就和盘托出,有的则是在经过讯问后认罪认罚,还有的是在审查起诉之前"缴械投降"。认罪认罚的时间节点对节约司法资源、顺利推进案件有不同贡献度,有学者指出,"犯罪嫌疑人、被告人认罪认罚的早晚与其悔罪的程度以及再犯罪可能性的高低难以绝对画等号,量刑折扣的梯度规定更多的是从减轻公安司法机关负担的角度考虑"。[①] 重大刑事犯罪认罪认罚案件,尤其是共同犯罪案件,在量刑上科学确立从宽幅度,才能真正使制度更具有说服力和吸引力。本文建议建立要素式量刑建议确定机制,优化配置量刑减让梯度。第一,合理确定考量因素,认罪时机(包括认罪的诉讼阶段、各共同犯罪人认罪的先后、被追诉人认罪与办案机关掌握罪行先后等)、认罪程度(全部认罪或者供述主要犯罪事实)、认罪对破案定案的作用,以及不同罪名下和解赔偿、退赃挽损等酌定情节对修复社会关系的作用等情形,均应作为衡量从宽处罚幅度的重要因素。第二,科学配置上述各要素对量刑建议的影响力,精细化规定法定、酌定量刑情节对刑罚量的影响权重。第三,丰富量刑建议形式,除区间量刑、确定性量刑之外,可设置封顶量刑,如对于命案案件排除适用死刑,对于那些在是否认罪认罚方面犹豫未决的犯罪嫌疑人、被告人,具有一定的激励效果。

三是改变现有法律援助律师分别指派模式,确保律师深度参与。实践中,值班律师采用轮班制,很少会主动要求会见、阅卷,与犯罪嫌疑人的接触多限于见证签署具结书,在办案周期较短的情况下,其对案情的了解也多限于与检察官的沟通。值班律师不具备"辩护人"的身份和地位,一般不会全程参与诉讼活动,对检察机关认定的罪名及量刑建议情况也就较少提出异议,只进行形式化签字,仅作为认罪认罚案件的"见证者""说服者",难以充分发挥犯罪嫌疑人合法权益"维护者"的作用。律师在认罪认罚案件办理中的参与度不够,必然导致其法律帮助精准度的不足。"值班律师不阅卷、不调查,而仅凭与嫌疑人十分短暂的交谈,难以获得更多有价值的证据信息。"[②]且现有法律援助律师由检法分别指派,同一犯罪嫌疑人在不同诉讼阶段可能有不同的法律援助律师,若辩护人在法院审理环节推翻上一诉讼环节的协商结果,无疑有损制度推行的稳定性,也难以体现程序从简的价值目标。因而,就须改变现有法律援助律师由检法分别指派的模式,同

① 熊秋红:《认罪认罚从宽的理论审视与制度完善》,载《法学》2016年第10期。

② 陈瑞华:《刑事诉讼的公力合作模式——量刑协商制度在中国的兴起》,载《法学论坛》2019年第4期。

一认罪认罚案件由同一律师全程办理，且在重大刑事案件中，要确保律师通过充分阅卷，亲自与被追诉人会见，深度、全程参与到控辩双方的协商过程和法庭审理过程，保障被告人获得真正意义上的法律援助。

（三）公诉履职方面

一是注重被害人权利保障。被追诉人、被害人同为刑事诉讼主体，根据正当程序的要求，与程序结果有利害关系的人均有权参加程序并得到提出有利于自己主张的机会。如果在重大刑事案件认罪认罚从宽制度实践中，完全不给予被害人适度的表达空间，可能会导致特定案件被害人的强烈反弹。赋予被害人一定程度的参与权，使其对程序选择和实体处罚结果有一定的影响力，方能保障其诉讼权利。这既可以体现立法对被害人权利保护的重视，也可以通过程序参与为被害人发泄情绪提供出口，防止被害人因为被完全排除在认罪认罚程序之外而采取缠诉、上访等极端做法，增加诉讼不和谐的因素。一方面，在办案中积极促使被追诉人对被害人或其近亲属进行赔偿，修复社会关系，化解社会矛盾。将被追诉人与被害人达成和解或者赔偿被害人损失，取得其谅解作为量刑建议的重要考量因素。另一方面，考虑扩大法律援助范围。在重大刑事案件中，被害人如果未委托诉讼代理人参与诉讼，但司法机关拟适用认罪认罚从宽制度的，法律援助机构应当为被害人提供值班律师或者法律援助律师服务，以此确保双方当事人具有平等的获得法律帮助的机会，确保双方达成的和解协议具有真实性、合理性，亦可由此拓宽对司法活动进行外部监督的渠道。

二是调整法庭调查和法庭辩论重点。提高诉讼效率、降低诉讼成本、缩短审判周期并非认罪认罚从宽制度的唯一价值取向。认罪认罚从宽制度适用时，被告人放弃了无罪辩护和量刑辩护的机会，可能潜伏着一定的法律风险。“唯有通过开庭审理，被告人才能获得积极参与司法裁判过程、有效影响裁判结局的机会，从而成为自己命运的主宰者，而不是消极等待国家处置、被动承受法院刑事制裁的诉讼客体。”①“法院不得单凭被告人的认罪认罚就完全免除调查真相的义务，仍须审查被告人供述的真实性。”②在法庭审理中，法官应将对被告人认罪认罚的自愿性作为法庭审理的重点，询问被告人的认罪认罚是否出于真实的意思表示，是否享有真正的知情权、是否与检察官进行了平等的协商与对话、有无受到威胁、利诱、欺骗等非法行为，有无征询律师的意见，是否了解认罪认罚的法律后果。因公诉人提出量刑建议时需要对认罪时机、程度等诸多因素进行通盘考量并分别赋予不同的权重，公诉人亦应当将举证、辩论的重点放在认罪时机、认罪程度、认罪对破案定案的作用，以及不同罪名下和解赔偿、退赃挽损对修复社会关系的作用等方面，而不能将庭审程序中的出庭公诉职能“一简了之”，将起诉书、量刑建议“一读而过”。

---

① 陈瑞华：《认罪认罚从宽制度的若干争议问题》，载《中国法学》2017 年第 1 期。

② 周维明：《德国刑事协商制度的最新发展与启示》，载《法律适用》2018 年第 13 期。

当前行政问责存在的偏差及其治理

刘美萍*

摘要:我国行政问责逐渐走向制度化和常态化,但在行政问责的实践中却存在问责客体错位、问责目的偏位、问责事由泛化、问责结果简单化等问题。这些偏差的形成有主、客观原因,也有制度、思想原因。实现精准问责,必须多措并举:反对形式主义和官僚主义,为精准问责提供思想支持;完善权责清单制度,为精准问责提供基础支撑;构建完善的问责法制,为精准问责提供法律依据;实现问责与容错纠错机制同步推进,为精准问责提供配套制度支持。

关键词:行政问责　偏差　原因　治理

2003 年的"非典事件"开启了我国行政问责的序幕,随后中央和地方陆续出台了一系列有关问责的法律文件,行政问责逐渐走向制度化和常态化。问责制的推行,有利于约束干部职工的行为,增强他们的责任意识,提升其整体素养;有利于加强党风廉政建设,建立高效、廉洁和服务型政府;有利于改善我国的政治环境,推进我国政治文明的进程。但由于种种原因,部分地方政府在问责过程中出现了一些偏差。过往的十几年中,如果说前半段的问题主要表现为问责不足,导致问责的鞭子高高举起,轻轻落下,问责的成效打了折扣。那么近几年出现的问题则主要是矫枉过正,问责出现了随意性、扩大化现象,不仅没有实现问责的初衷,反而打击了干部干事创业的积极性,带来了一些负面影响。

一、行政问责偏差的表现形式

行政问责偏差的表现形式多种多样,它渗透在问责过程的多个环节。这种偏差在基

* 刘美萍,江苏师范大学哲学与公共管理学院副教授。

层政府表现得更为凸显。

（一）问责客体错位

通俗地讲，问责客体错位就是某件事情应该问责，但是打错了板子问错了对象，导致该问责的对象成为漏网之鱼，而无辜者却"躺着中枪"。

问责客体错位本身包括多种情形。其一，由于"属地管理"问题引发的问责客体错位。"属地管理"是我国行政管理的一项重要原则，其本意是谁的地盘谁负责，防止出现管理的真空。但"属地管理"的原则却在行政问责中被滥用，因为被扣上"属地管理"的帽子，一些基层政府尤其是乡镇一级承担了一些原本不属于自己的责任，在问责过程中成为"背锅侠"。其二，职能部门角色不清引发的问责客体错位。职能部门拥有在自己主管领域开展工作的权力，也应该承担相应的责任。但在实际工作中，不少地方政府尤其是市、县两级政府的职能部门把上级布置的重要工作推给下级，自己成为"文件中转站"，从责任主体变成了监督主体。但是下级政府尤其是乡镇政府很多时候没有能力甚至没有权力解决相关问题，但最后却要被追责，苦不堪言。其三，热点领域的职能部门被惯性问责。职能部门对于自己主管的工作固然要承担相应的责任，但并不意味着对所有问题都要担责。很多时候，某些问题的解决需要靠各部门、各层级的相互配合才能完成，彼此之间应该各司其职，各负其责。但在信访、环保等易出问题且民众关注度较高的热点领域，只要出了问题，主管部门首当其冲被追责。于是就出现了一个怪现象，某些职能部门的分管领导及其工作人员，旧的处分还没解除，又迎来了新的处分，导致他们身上背着几个处分。

问责客体错位会导致直接责任人得不到应有的惩处，工作得不到改进。更重要的是无辜者被追责，他们会感到无奈和委屈，这会严重挫伤其工作积极性，打击他们的工作热情，最终影响行政效率的提升。

（二）问责目的偏位

行政问责的目的是惩前毖后，治病救人，是为了惩处一个，警醒一片，切实提高广大干部职工的责任心，使其尽职尽责，更好地为人民服务。但一些地方政府尤其是基层政府在问责时却本末倒置，偏离了问责的初衷。

问责目的偏位也表现得形形色色。其一，问责是为了应付上级或者平息舆论。重大突发公共事件通常都会伴生重大舆情，其中很大一部分是负面舆情。面对汹涌的民意，当地政府为了平息舆论，为了显示自己处置事件的决心和态度，通常会从严从快处置事件的责任人，甚至为了给上级、给民众一个交代，把原本和事件没有直接关系的部门和人员也列入问责名单。其二，问责数量成为衡量政府政绩的标准。在问责过程中，少数地方政府把问责数量的多少作为衡量管党治党成效的重要依据和标准，给下级下达问责的数量指标，如果下级完不成就要被问责。而下级为了完成任务，为了证明自己的积极性，就会出现拼凑心理，形成凑数式问责。于是原本可以批评教育的轻微违纪行为被给予党纪政纪处分,处分结果被人为加重。其三,问责被当成推动工作的"万能药方"。少数政府过度依赖问责来推进工作,每项工作都要问责,动辄把问责挂在嘴上,问责成为督促工作落实的"万能药方"。①

问责目的偏位不仅难以强化干部职工的责任意识,反而会由于问责过多过滥而对问责产生"耐药性"。如此问责也会让他们产生抵触情绪,形成心结,在工作中由于担心被问责而缩手缩脚,趋于保守,这和问责的初衷背道而驰。

(三)问责事由泛化

十几年来,中央及各省市出台了诸多问责的规范性文件,这是问责的依据。但在实际操作中,一些政府存在随意、任性问责的情形,致使问责事由泛化、扩大化,一些原本不属于问责范畴的工作中的小过失被纳入问责的范围,甚至有些人根本就没有过错,也被强行问责。问责事由泛化不仅扰乱了纲纪,伤害了广大干部职工的情感,也必然使问责走样变味,丧失严肃性,最终影响到党委和政府的公信力。

(四)问责结果简单化

行政问责的结果要恰如其分,并且得到被问责者的认同。唯有如此,才能起到负激励作用,强化广大干部职工的责任意识,实现问责的初衷。但在我国问责实践中,少数问责主体不考虑事件的前因后果,简单粗暴地进行教条式问责,导致问责结果和问题本身不匹配。

问责结果简单化有两种典型的表现形式。一种是对改革创新中由于客观条件限制而出现的失误进行严厉问责。当前我国改革处于攻坚阶段,各种深层次的矛盾不断凸显,广大党员干部必须勇于探索,锐意创新。任何改革创新都会有风险,再加上改革者自身条件的限制,难免会出现失误。这种失误不同于一般的工作错误,它是探索性失误,是无意之举,应该区别对待。但不少地方根本不加以区分,简单地按照一般错误进行问责,致使部分敢闯、敢干的干部受到处分,出现了"洗碗效应"。另一种是对由于上级决策不恰当而引发的问题进行严厉问责。一些地方政府在布置工作时,简单粗暴地搞"一刀切",要求下级部门必须限时完成,否则就会追责。在问责的高压下,某些基础比较薄弱、条件比较差的基层政府和部门为了完成工作弄虚作假,因此而被追责。还有一些工作客观上需要较长的时间周期,但上级部门却急功近利,要求下级必须在较短的时间内完成,于是,下级在工作中就只追求工作进度而忽视工作质量,甚至会违规操作。这种刚播种就要收获的工作方式必然带来一个后果,即"按下葫芦浮起瓢",于是便出现了"这头完成了工作,那头却被追责"的现象。

在这种问责的偏差中,被问责者虽然有过错,但失误的出现有其客观原因。如果不加区别地对他们进行问责,被问责者难免心有不甘和不满,这种负面情绪不仅会浇灭他

① 参见何浩民:《"精准问责" 才能担当尽责》,载人民网,2018 年 11 月 9 日。

们的工作热情，也会消解行政问责的成效。

二、行政问责偏差形成的原因

行政问责出现偏差的原因多种多样，有主观原因，有客观原因，有制度原因，有思想原因等，各种因素交织到一起，错综复杂，导致了问责偏差的出现。

（一）形式主义和官僚主义作风直接引发问责偏差

形式主义和官僚主义是我党作风建设的顽疾，新中国成立以来，几代国家领导人都坚持把反对形式主义和官僚主义作为我党作风建设的重中之重。形式主义和官僚主义虽然不尽相同，但二者有着密切的联系。官僚主义是形式主义的根源，形式主义是官僚主义的典型后果，①二者常常是相伴而行，如影随形。

形式主义和官僚主义存在于行政管理的诸多领域和环节，而行政问责中的形式主义、官僚主义直接引发了行政问责的偏差，影响了行政问责的成效。事实上，行政问责中不少问题和形式主义、官僚主义息息相关。有的上级部门不敢担责，把责任层层下推，寻找“替罪羊”；有的上级部门不问青红皂白，不考虑下级的实际困难，简单粗暴地对下级进行问责；有的地方为了完成上级交代的任务，为了显示自己问责的决心和成效，进行“凑数式”问责。凡此种种，都是形式主义和官僚主义在作祟。“形式主义和官僚主义的本质是权力的异化和责任的虚化”，②正是由于部分政府机关及其工作人员存在形式主义和官僚主义作风，才导致他们在问责过程中，或者政绩观错位，问责扩大化；或者责任心缺失，推卸责任；或者滥用权力，问责随意任性。最终引发问责偏差，难以按照相关规定进行精准问责。

（二）政府官员自我保护的避责倾向导致问责偏差

在面临风险和危机时，趋利避害是人的一种本能。从最初的问责风暴到问责的制度化、常态化，问责力度不断加大，各级官员被问责的风险也日益增加。在问责的高压下，避责成为地方政府及其官员趋利避害的理性选择。避责是指官员对已有或潜在的负面事件所采取的自我保护行为。③ 因为一旦被问责，不仅会失去晋升的机会，甚至会被追究刑事责任。因此，部分政府官员在行政问责中会尽可能逃避自己的责任，力图摆脱被问责的风险，行政问责的偏差随之出现。

因避责而引发的偏差有两种典型表现形式。一种表现是责任下移。这和克里斯托弗·胡德提出的机构性策略即所谓“寻找替罪羊”相吻合。这种策略的实质是将责任分散给多个机构和人员，把可能被追责的行为事项进行层层转移，其目的是规避责任，以保

---

① 参见戴焰军：《形式主义官僚主义的危害、根源与治理》，载《学术前沿》2018 年第 5 期。

② 刘红凛：《新时代如何根除官僚主义与形式主义滋生土壤》，载《学术前沿》2018 年第 5 期。

③ See Markus Hinterleitner, “Reconciling Perspectives on Blame Avoidance Behaviour”, *Political Studies Review*, Vol. 15, No. 2, April 2017.

证所在机构及其自身不受影响。[①] 面对巨大的问责压力,一些地方政府及其官员必然会设法分解和卸载压力,责任下移和责任转嫁成为他们避责的重要途径和方式。这种避责更倾向于事前的责任风险防范,一旦出了问题,便可把责任全部推给下级。另一种表现是重大突发公共事件问责中的"转移视线"。如果说责任下移侧重于事前的风险预防,这种视线转移则是事后问责中通过各种途径和方法减免自身的责任。当重大公共事件发生后,广大民众急切需要找到问题制造者,以宣泄自己的不满,一些地方政府及官员为了转移上级领导和群众的视线,使自己受到尽可能小的影响,甚至免于责罚,便会对下级部门及其工作人员从严从重处置,以期民众和上级满意,转移他们在本级政府及官员身上的视线,从而达到减免责任的目的。

(三)权责不清是形成问责偏差的客观条件

问责的前提是权责清晰,但我国行政管理中却存在权责不清、边界不明的问题。权责不清可以存在于各部门之间,也可以存在于各层级之间,还可以存在于各地域之间,这些问题都会对行政问责的精准性产生不良影响。

正是由于某些职能部门的权责不够清晰,导致一旦出现和本部门业务相关的问题,就会条件反射地被追责,而不管问题和该部门有无直接联系,也忽视该部门在工作中的具体表现。上下级之间的权责界限模糊同样会给行政问责带来诸多问题,尤其是在县乡两级政府之间,问题尤为突出。近年来,我国进行了简政放权改革,取得了很大成效,但在某些层级尤其是基层却存在"赋责不赋权"的现象,上级把责任分给了下级,权力却没有下沉,下级尤其是乡镇一级权小责大,权责不对等。乡镇政府作为权力金字塔的最底层,承受着巨大的工作压力和责任压力,处于"以有限权力担起无限责任"的困境中。许多问题想管也管不了,但最终却要被追责。而在行政管理的安全、信访和环保等领域还会涉及不同地域之间的权责问题,对"属地管理"原则理解的偏差,让这种权责界定更为复杂。权责界限的模糊,导致各地在具体的操作中乱象丛生,致使行政问责难以精准。

(四)问责法制不完善带来问责偏差

自 2003 年以来,我国颁布了不少关于行政问责的法律规范性文件,这些文件有三种类型:一是中央层面的综合性问责法律规范;二是各地根据中央及上级的相关文件制定的地方性问责法律规范;三是环保、安全等领域出台的专项问责法律规范。这些文件的出台,标准着我国行政问责逐渐进入法治化轨道,但我国行政问责的法治依然不健全,致使问责出现了不少问题。

中央层面关于问责的综合性法律规范文件有两个,即《关于实行党政领导干部问责的暂行规定》(2009 年 6 月)和《中国共产党问责条例》(2016 年 7 月),前者侧重于对决

---

① See Christopher Hood ,"The Risk Game and the Blame Game", *Government and Opposition*, Vol. 37. No,1, January 2002.

策失误、用人失误、引发重大事故或者对重大事故处置不力的党政领导干部进行问责,后者则是对全面从严治党不力的各级党委(党组)及其领导成员进行问责。两个文件都侧重于对领导干部的问责,对一般工作人员没有规定,问责的范围也比较有限。在上述两个文件的基础上,地方各省市也出台了有关问责的法律规范文件,但各地的文件参差不齐,五花八门,存在各取所需前提下的各自为政现象。如有的地方问责情形规定得很具体,有的地方问责情形规定得很笼统;有的问责范围很广,有的问责范围较窄;有的侧重于对领导干部的问责,有的既问责领导干部,也问责一般工作人员,等等。法治不完善使部分地方政府问责时带有较大的随意性,有时甚至仅凭问责者自己的主观意志来作决定。如此,必然会导致问责走样,出现偏差。

三、多措并举,实现行政问责的精准化

治理行政问责偏差需要多方面的努力。只有多管齐下,形成合力,才能实现行政问责精准化,提高行政问责的成效。

(一)反对形式主义和官僚主义,为精准问责提供思想支持

形式主义和官僚主义的产生有体制机制方面的原因,但更多的是思想信念方面的原因。正是由于部分干部职工理想信念不坚定,责任心不强,缺乏"四个意识",才会导致问责中存在诸多问题,出现偏差。因此,反对形式主义、官僚主义,要标本兼治,既要有制度约束,更要进行理想信念教育。

首先,教育广大领导干部认清形式主义、官僚主义的危害,积极主动地反对形式主义、官僚主义。可以通过宣传教育,使广大领导干部认识到形式主义、官僚主义会败坏党风政风,毒害社会风气,会贻误工作,挫伤广大干部职工的工作积极性。这样在行政问责中,他们会自觉反对形式主义和官僚主义,严格按照相关的规程,进行精准问责。其次,进行理想信念教育,增强党性,强化责任担当。习近平总书记曾指出:"抓作风建设,就要返璞归真、固本培元,重点突出坚定理想信念,践行根本宗旨,加强道德修养。"[①]因此,广大党员干部要认真学习习近平新时代中国特色社会主义思想,进行"不忘初心、牢记使命"的主题教育,不断增强责任心和使命感,做到对党和人民的事业无限忠诚、高度负责。责任心和使命感会使各级领导干部在行政问责工作中,强化责任担当,自觉地进行调查研究,而不是盲目问责,更不会推卸责任。再次,坚持实事求是的思想路线和科学的管理方法。实事求是中国共产党思想路线的核心,各级政府在工作中要一切从实际出发,根据各地的具体情况采取不同的管理措施,不搞"一刀切",这样客观上会减少下级部门因为上级决策失误而被追责的可能性。这一路线贯彻到行政问责的实践中,要做到不唯上,只唯实,是否需要问责,问责到什么程度,要根据实际情况来决定,而不是一味满足上

---

① 《习近平谈治国理政》(第2卷),外文出版社2017年版,第165页。

级的喜好。最后,树立正确的政绩观。要通过教育,使各级领导干部认识到,工作不是单纯干给上级看的,工作的好坏要由广大人民群众来评判。在行政问责中,问责的数量和政绩没有关系,评价问责工作质量的标准是问责的效果。正确的政绩观,不仅可以解决因上级部门急功近利导致下级工作出现失误而被追责的问题,也可以避免"凑数式"问责现象的出现。

当然,克服形式主义和官僚主义也离不开相关制度的健全和完善,只有如此,才能从根本上祛除形式主义、官僚主义滋生的土壤。这就要求我们进一步完善干部选拔任用制度、干部评价考核机制以及各种检查评比制度等。有了健全的机制和制度,形式主义、官僚主义就失去了生存的空间,行政管理的效率就会得到提升,行政问责的偏差也会得到纠正。

(二)完善权责清单制度,为精准问责提供基础支撑

完善的权责清单制度,清晰的权责划分,是精准问责的基础。2015 年国务院办公厅和中共中央办公厅发布了《关于推行地方各级政府工作部门权力清单制度的指导意见》,此后各省市纷纷晒出了自己的权责清单。权责清单制度的建立使部门间的权责边界更加清晰,有利于责任政府的建立。但目前各地的权责清单制度还存在一些缺陷和不足,就行政问责而言,需要从以下几个方面加以改进和完善。

首先,建立和完善纵向权责清单。目前已有的权责清单绝大多数是横向的,纵向的很少,而上下级之间的权责关系是否清晰也会影响到问责的精准性。2016 年 3 月《广东省试点部门和地区纵向权责清单》颁布实施,其中对于试点地区的省市县三级政府部门的权责进行了明确,解决了过去各层级之间权责不清、交叉重叠的问题。各地可以借鉴广东的经验,结合自己的实际情况,建立纵向权责清单。上下级之间的权责明确了,上级也就难以把责任推给下级,从而减少问责的偏差。其次,实现权责对等。我国各省的权责清单有两种模式:一种模式是权力清单和责任清单一体化,另一种模式是二者各成体系。无论哪一种模式,都必须做到权责对等,权责一致。但我国权责不对等的情形依然存在,基层尤其是乡镇一级问题尤为突出。要改变乡镇政府权小责大、甚至是有责无权的情况,就必须做到权力下沉,扩权强镇。目前,部分省市已经开始了试点工作,如江苏省江阴市在 2018 年颁布了《江阴市赋予镇(街道)行政审批和公共服务类管理权限清单》《江阴市镇(街道)相对集中行政处罚权事项清单》等文件,赋予乡镇(街道)产业发展、规划建设和城市管理等职能,扩大了其社会经济管理权限,并根据赋权清单所涉及的权力事项,在每个镇(街道)组建综合执法局,综合行政执法,实现"一个镇街一支队伍管执法"。[①] 各地的做法虽然不尽相同,但其核心思想是一致的,即权力下沉。各省市可以学习已有的经验,制定相关的措施,扩大基层尤其是乡镇一级的权力,实现权责对等。最

① 参见黄春英:《打造权责清单的江阴实践》,载《江南论坛》2019 年第 1 期。

后，不同地域的权责也要有一个清晰的界限。在行政管理的实践中，信访、环保、安全等领域经常出现跨地域的复杂问题，同样一个问题，牵涉几个不同地区和部门，彼此之间的权责关系要有一个明确的规定，尤其是常用的“属地管理”问题，涉及的领域应该由中央部门进行权威的解释和界定，以明确权责，减少扯皮，从而保证问责的精准性。

（三）构建完善的问责法治，为精准问责提供法律依据

完善的法律制度是进行精准问责的依据，目前我国行政问责的法律法规比较分散，层级也比较低，缺乏统一性和权威性。因此，笔者建议出台一部全国统一的行政问责的法律文件“行政问责法”，只有如此，才能在问责时真正实现有法可依，结束地方各自为政的局面，减少行政问责中的偏差和乱象，最终走向“法治型”问责。

“行政问责法”的构建要以现有的相关法律文件为基础。可以整合现有的法律、法规、规章，结合各地的具体实践，对行政问责的主体、客体、范围、程序、方式等进行具体的规定。尤其是问责范围，具体哪些事情应该被问责，问责到什么程度，应该“严格秉承‘以人民意志和公共利益需要’为依归的根本宗旨，具体采用肯定式概括和列举与否定式排除相结合的立法模式，以尽量实现规定本身的周延性、明确性和可操作性”。[①] 而完备的问责程序也是问责精准化必不可少的，程序化可以对问责过程进行有效的制约，实现问责主体和客体的权利义务平衡，保证问责的公平和公正。缜密的问责程序对问责决定、问责调查，被问责者的申辩和申诉、问责决定的公开等问题都应该有具体而详尽的规定。这样，一方面可以有效地避免问责主体随意任性的问责，减少问责的偏差；另一方面如果出现了问责错误，也可以通过问责的救济程序加以补救，纠正问责的偏差。

当然，在统一的问责法出台之前，行政问责必须严格遵守既有的规范文件，照章行事，依规依纪进行问责。如果问责主体在问责过程中以言代法，甚至是一拍脑袋就问责，导致问责悖情悖理，除了要及时纠正错误外，还要对问责者进行问责；使其受到应有的惩处，以促使问责主体谨慎行事，避免仅凭个人喜好草率问责的现象。

（四）实现问责与容错纠错机制同步推进，为精准问责提供配套制度支持

建立容错纠错机制，实现问责和容错纠错机制的同步推进，可以保护那些在改革创新中无意犯错的干部，让他们受到较轻的责罚甚至是免责。只有如此，才能减少机械教条式的问责，让问责的板子打得更为准确，才能减轻广大干部职工的思想包袱，最大限度地激发他们的改革热情，调动他们工作的积极性。

容错纠错机制的建立需要从以下几个方面着手。一是明确界定容错纠错的范围和内容。究竟哪些错可以容，哪些错不可以容，必须有一个明确的规定。我们要以习近平总书记提出的“三个区分”作为容错对象界定的标准，即把干部在推进改革中因缺乏经验、先行先试出现的失误和错误，同明知故犯的违纪违法行为区分开来；把上级尚无明确

---

① 曹鎏：《论我国行政问责法治化的实现路径》，载《中国行政管理》2015年第8期。

限制的探索性试验中的失误和错误,同上级明令禁止后依然我行我素的违纪违法行为区分开来;把为推动发展的无意过失,同为谋取私利的违纪违法行为区分开来。同时"把握事业为上、实事求是、依纪依法等原则,结合动机态度、客观条件、程序方法、性质程度、后果影响以及挽回损失等情况",[①]具体确定容错纠错的情形,制定容错纠错清单。二是设置科学的容错纠错程序。科学合理的程序是容错纠错机制发挥效能的关键一环。根据地方的实践经验,容错纠错机制实施的程序可以分为申请、受理、核实、认定和报备等环节。"通过规范容错免责的具体程序,完善操作流程,细化各个步骤和环节,保证程序公开,阳光运行",接受群众的监督,促进容错纠错机制顺利推进,有序进行。[②] 三是防止容错纠错机制被滥用。容错不是纵错,不是无限度的宽容,不能把容错纠错机制当成党员干部不作为、乱作为甚至是违法乱纪的避风港和挡箭牌。因此,在实施容错减责免责的同时,要防止保护变庇护,严禁打着改革创新旗号搞劳民伤财的形象工程和政绩工程,坚决惩治触犯道德底线、党纪红线的行为。

---

① 陈垂培:《要准确把握"三个区分开来"》,载《人民日报》2018 年 6 月 14 日。

② 参见薛瑞汉:《建立健全干部改革创新工作中的容错纠错机制》,载《中州学刊》2017 年第 2 期。

主题研讨

帮助信息网络犯罪活动罪"明知"的司法认定

王金来*

摘要：帮助信息网络犯罪活动罪的明知应当解释为知道而不包括应当知道，明知的内容是他人利用信息网络实施的符合构成要件且违法的行为。明知的时间节点应该在他人已经着手利用信息网络实施犯罪且在犯罪行为完成之前。应当结合多种证据对行为人明知予以综合认定，行为人经监管部门告知后仍然实施有关行为、接到举报后不履行法定管理职责、收取费用明显异常、故意避开监管措施或者规避调查、从事专门用于违法犯罪的活动或者提供专门用于违法犯罪活动的程序、工具的，可以认定行为人明知，有证据证实行为人确实不知道的除外。

关键词：帮助信息网络犯罪活动罪　明知　司法认定　知道

随着互联网技术的发展，网络已经从犯罪对象、犯罪工具演进成为犯罪空间，给刑法带来了全新的挑战。① 帮助网络犯罪活动行为成为网络犯罪链条中的关键环节，甚至成为很多网络犯罪的经济支柱和技术根基。其法益侵害的程度可能远远超过了正犯。传统共犯理论对其在缺乏正犯的情况下要么无法评价、要么评价不足。因此，《刑法修正案（九）》增设了帮助信息网络犯罪活动罪，规定了网络帮助行为的正犯化规则。② 这并非对传统共犯理论的反动，而是刑法犯罪圈扩张的一种表现。为网络犯罪提供技术帮助的行为，尽管表象上属于正犯行为的帮助犯，但本质上已经具备了独立的社会危害性和类

---

* 王金来，江苏省徐州市云龙区人民检察院第一检察部检察官助理。

① 参见于志刚：《网络思维的演变与网络犯罪的制裁思路》，载《中外法学》2014 年第 4 期。

② 参见胡云腾：《谈〈刑法修正案（九）〉的理论与实践创新》，载《中国审判》2015 年第 20 期。

型化特征，有必要将其提升为实行行为，通过刑法分则设定罪名进行刑法评价，而无须再依赖于共犯理论。[①] 帮助信息网络犯罪活动罪的司法适用以对明知的正确理解为前提。本罪的罪状为“明知他人利用信息网络实施犯罪，为其犯罪提供互联网接入、服务器托管、网络存储、通讯传输等技术支持，或者提供广告推广、支付结算等帮助，情节严重的”。本罪的明知应当如何界定，明知的内容为何，如何认定行为人的明知，这些问题的解决，成为司法实践中正确认定该罪的基本前提。例如，行为人开发出某种软件，可以实现网络视频的在线流畅播放，行为人将该软件放置于网络，采取收费模式供他人下载使用，后该软件被他人用于传播淫秽物品牟利，要认定行为人构成帮助信息网络犯罪活动罪，就需要对行为人明知他人利用该软件从事犯罪活动提供必要且充分的证据。

一、明知应当解释为知道

构成帮助信息网络犯罪活动罪，首先需要具备“明知他人利用信息网络实施犯罪”要件，因而明知是本罪的构成要件要素。《刑法》第十四条规定的明知是犯罪故意中的认识因素。争议在于明知是否包括应当知道。对此，司法解释的立场发生过变化。2009 年以前，我国有关司法解释经常将明知解释为“知道或应当知道”。例如，《关于办理假冒伪劣烟草制品等刑事案件适用法律问题座谈会纪要》规定：“‘明知’，是指知道或应当知道……”学界对该立场的支持意见认为，明知不仅包括确知，而且包括明知可能性，但这需要在司法上加以证明。司法解释中的知道和应当知道就是从这种意义上来说明明知的——证据法上的明知，是对行为人认识状况的一种司法推定。尽管有关司法解释也将明知与应当知道相并列，但二者都是对立法规定中明知的具体认定，是司法推定中的表述方式。[②] 2009 年之后，司法解释对明知的解释立场发生了变化，强调应当结合多种证据进行综合判断推论或者采取列举加除外规定的推定方式来指导司法实务。[③] 如《关于办理利用互联网、移动通讯终端、声讯台制作、复制、出版、贩卖、传播淫秽电子信息刑事案件具体应用法律若干问题的解释（二）》规定，“具有下列情形之一的，应当认定行为人‘明知’，但是有证据证明确实不知道的除外……”应当认为，这一立场的转变是合理的，也是符合司法实践需要的。从严格的语义解释的角度看，应当知道其实包括了确实不知道或者过失的情形，将明知解释为包括应当知道有推定的嫌疑。尤其是在利用信息网络实施犯罪的行为人未到案、相关证据没有获取的情况下，更难以形成完整的证据体系。而且，本罪是将帮助行为正犯化的罪名，本身即是对犯罪圈的扩大，如果再进一步对明知扩大解释为包括应当知道，不利于保障犯罪嫌疑人、被告人权益，有可能使本罪成为网络

---

① 参见于志刚：《网络犯罪与中国刑法应对》，载《中国社会科学》2010 年第 3 期。

② 参见赵秉志、许成磊：《侵犯注册商标权犯罪问题研究》，载《法律科学》2002 年第 3 期。

③ 参见陈兴良：《刑法分则规定之明知：以表现犯为解释进路》，载《法学家》2013 年第 3 期。

口袋罪。

因此,对本罪的明知应当继续坚持2009年以来司法解释的基本立场,将明知解释为知道。在以本罪扩张犯罪圈的基础上,发挥明知的处罚限缩功能,防止因过分强调打击犯罪而将大量日常的技术中立行为入罪,合理界定网络服务提供者的注意义务范围,确保在保障法益不被侵害的同时,最大限度避免对公民行动自由的不当限制,从而实现刑法自由保障机能与法益保护机能的动态平衡。

二、明知的内容是符合构成要件且违法的犯罪行为

在将明知解释为知道的前提下,需要进一步解释的是明知的内容。从本罪的罪状看,本罪的认识对象是"他人利用信息网络实施犯罪"。其一,罪状表述的"提供互联网接入、服务器托管、网络存储、通讯传输等技术支持,或者提供广告推广、支付结算等帮助"不同于中立行为的帮助;[①]其二,本罪罪状中的"犯罪"系指符合构成要件且违法意义上的犯罪,即本罪的成立不以他人的行为具有有责性为前提。

应当坚持客观归责立场,将本罪罪状规定的行为与中立行为的帮助相区别。客观归责立场认为,应当从行为本身是否制造了不被法允许的危险考虑是否能将结果归属于行为人。只有具备侵害法益的现实紧迫危险的行为才具有实行行为性。处罚帮助犯也应考虑帮助行为本身是否具有通常的法益侵害危险。没有制造不被法允许的危险的行为,应属于一般的生活危险。没有侵害法益的通常的危险性的行为,不应认定行为本身具有帮助行为性,即应否定符合帮助犯的客观要件。[②] 就本罪而言,本罪的行为人实质上是为实施信息网络犯罪行为提供技术支持、帮助,中性业务行为的属性决定了日常经营活动中的网络技术服务与帮助犯的行为在客观上可能存在很大的趋同性。业务行为的"中性"集中表现为,无论交易行为的对方是犯罪者还是其他任何行为主体,业务的实施者都会以本人独立的目的,按照典型的业务要求从事相关行为或者交易。[③] 将行为人为他人实施信息网络犯罪行为提供技术支持、帮助的行为纳入本罪的评价范围,需要考虑该行为是否创设了一个不被允许的风险,该不被允许的风险被实现,且风险被实现可以归责于行为人。从因果关系的角度出发,则需要判断行为人的帮助行为与他人利用信息网络实施的犯罪行为是否具有物理上的或者心理上的因果关系。

本罪的成立不以他人利用信息网络实施的犯罪行为具有有责性为前提。这意味着,网络犯罪实行行为首先应当具备构成要件符合性和违法性,这也是帮助信息网络犯罪活动罪成立的前提。基于共犯的限制从属性原理,本罪依赖于网络犯罪实行行为具有构成

---

① 关于中立的帮助行为的详细论述,参见陈洪兵:《中立行为的帮助》,法律出版社2010年版。

② 参见陈洪兵:《中立的帮助行为论》,载《中外法学》2008年第6期。

③ 参见刘宪权、房慧颖:《帮助信息网络犯罪活动罪的认定疑难》,载《人民检察》2017年第19期。

要件符合性和违法性,如果后者的行为不能满足客观上的不法要件,则无法评价为具有严格的犯罪属性,中立帮助行为的刑事责任也无所依托。因此,仅具有客观侵害可能性但不具有构成要件性和违法性的行为,不应当纳入"他人利用信息网络实施犯罪"之中。与此同时,本罪的成立也不要求网络犯罪行为人的行为在符合构成要件的不法基础上,具有有责性。《刑法修正案(九)》的权威立法解读也证实了这一点,在对网络帮助行为进行查处后,即使利用网络实施诈骗的行为人没有抓获,全案没有破获,但是若有足够证据证明中立行为人提供了帮助行为的,便可以对其独立定罪。① 这一立场在其他司法解释也有体现,如《关于办理电信网络诈骗等刑事案件适用法律若干问题的意见》规定,"部分犯罪嫌疑人在逃,但不影响对已到案共同犯罪嫌疑人、被告人的犯罪事实认定的,可以依法先行追究已到案共同犯罪嫌疑人、被告人的刑事责任"。进言之,如果要求行为人在给他人利用信息网络实施犯罪提供帮助时认识到他人的实行行为达到了犯罪的既遂状态、具体罪名成立的"犯罪",则是对行为人的苛责。

三、认定"明知"的考量因素

"明知"是行为之外需要证明的主观违法要素,往往不能从行为者的行为中直接得以确证。司法实践中,在信息网络犯罪正犯未到案的情况下,涉嫌本罪的行为人往往声称自己仅仅提供互联网接入服务等技术支持工作,或者仅仅提供支付结算等一般的劳务帮助、业务合作,如某帮助网络犯罪活动罪犯罪嫌疑人辩称,自己只是为他人提供服务器租赁服务,对于被帮助人是否利用自己的帮助从事信息网络犯罪并不知情,如果缺乏证明嫌疑人明知的证据,难以对犯罪嫌疑人以本罪论处。作为刑法规定的明知,是犯罪故意的认识因素,应当坚持客观归责的立场,根据客观证据判断行为人主观是否具有对他人利用信息网络实施犯罪的明知。合理考量影响明知认定的因素,确定明知的认定规则,对司法实践具有重要的现实意义。

首先,应当正确界定行为人明知的时间节点。本罪是将共同犯罪中的帮助行为予以正犯化评价。在共同犯罪理论中,帮助犯加入共同犯罪的时间点对共同犯罪的成立以及对帮助犯的量刑有重要影响。在共同犯罪的理论中存在事先有共谋的帮助犯,承继的帮助犯以及事后的帮助犯之分。② 以电信诈骗犯罪中的职业取款人为例,职业取款人参与犯罪的时间节点直接决定了其构成诈骗罪的共犯还是构成掩饰、隐瞒犯罪所得罪。在本罪中行为人明知他人利用信息网络实施犯罪的时间节点也对其定性具有决定性的影响。实施本罪规定的帮助行为,行为人与网络犯罪实施者事前通谋的,应当以共同犯罪追究

---

① 参见张晓娜:《全国人大法工委解读〈刑法修正案(九)〉涉网络条款》,载《民主与法制时报》2015 年 11 月 15 日。

② 参见任海涛:《承继共犯研究》,法律出版社 2010 年版,第 32 页。

行为人的责任。这是基于共同犯罪理论得出的逻辑结果。这一思路也是司法解释所持的基本立场，如《关于办理利用互联网、移动通讯终端、声讯台制作、复制、出版、贩卖、传播淫秽电子信息刑事案件具体应用法律若干问题的解释》规定，“明知他人实施制作、复制、出版、贩卖、传播淫秽电子信息犯罪，为其提供互联网接入、服务器托管、网络存储空间、通讯传输通道、费用结算等帮助的，对直接负责的主管人员和其他直接责任人员，以共同犯罪论处”。就本罪而言，如果行为人与网络犯罪行为人事前通谋的，应当以共犯论处；如果行为人的帮助行为在网络犯罪行为人实施犯罪行为之后，本罪行为人的主观明知与事后帮助对于行为人的技术帮助而言，在受帮助的他人行为完成后给予帮助并没有起到实质的促进作用，因此对行为人的帮助行为即不宜以本罪评价，确有追究责任的必要的，也应该认定为掩饰、隐瞒犯罪所得、犯罪所得收益罪等罪名。因此，本罪行为人明知的时间节点应该在他人实施犯罪行为完成之前，本罪行为人帮助行为阶段应该限定在他人实施犯罪行为着手之后到行为实施完毕之前，只有在此期间，行为人的帮助行为才有成立本罪的可能。

其次，应当结合多种证据对明知予以综合认定。2009 年以来的司法解释在涉及对行为人明知的认定时，均采取了结合一般人的认识水平和行为人的认识能力、相关行为被用于违法犯罪的程度及其后果、行为人是否履行了必要的管理控制义务，是否使用虚假身份或者冒用他人身份，是否有规避有关主管部门监管的行为等因素予以综合认定，并对需要考量的因素采取了列举加兜底的表述方式，这一综合认定的思路也为司法实践提供了明确和可操作的依据。本罪的认定仍应延续这一思路。在司法实践中，有以下情形的，可以认定为明知他人利用信息网络实施犯罪：一是经监管部门告知后仍然实施有关行为的，如经监管部门书面告知或者已经采取相关处罚措施后，仍然实施有关行为；二是接到举报后不履行法定管理职责的，如行为人开发的视频软件被用于他人传播淫秽物品牟利，经举报后，在可以通过取消他人使用权限阻止其继续传播淫秽物品的情况下，为谋取利益，拒不采取必要的管理措施的；三是收取费用明显异常的，如服务器租赁服务商针对租赁人从事正规网站经营、赌博网站和黄色网站，分别采取不同收费标准，并为后者提供免备案登记服务的；四是长期使用或者帮助他人使用虚假身份、隐蔽上网等措施避开监管措施或者规避调查的，如上述服务器租赁服务商针对租赁人租用的服务器因涉嫌传播淫秽物品经常被查封的情况，为租赁人采取更换服务器域名、提供跳转服务等措施的；五是从事专门用于违法犯罪的活动或者提供专门用于违法犯罪活动的程序、工具的，如为传播淫秽物品牟利的行为人专门搭建资金支付平台，或者大量开通微信商户用于传播淫秽物品牟利的资金结算。上述情况，都可以认定行为人主观上明知他人利用信息网络实施犯罪。在未来的司法解释中，也应当采取列举加兜底条款的形式对行为人明知的情况做出明确规定，并明确情节严重的具体情形。

最后，有证据证实行为人确实不明知的，不能认定。对认定行为人明知的考量因素采取列举加兜底条款的方式作出规定,可以为司法实践提供明确的指引。但同时也应当对例外情形作出规定,即有证据证实行为人确实不知道他人从事信息网络犯罪活动的,不能认定行为人明知。如行为人在他人开设的服务器租赁公司打工,根据他人安排从事服务器出租工作,但并不知道对方租赁服务器的用途,除按月领取工资外没有其他收入,即使对方租赁服务器后从事违法犯罪行为,也无法认定行为人的明知。另外,基于前述客观归责的立场,如果行为人的行为没有创设或增加法益侵害的风险,或者侵害结果不能归责于行为人,即使该风险实现,也不能归责于行为人。例如,行为人提供网络服务时不知道被他人用于犯罪,或者提供网络服务时已经尽到了合理注意义务的,不能认定行为人明知。

网络赌博犯罪司法认定问题研究

陈　昊*

摘要:网络赌博犯罪是伴随着高科技的发展而出现的新的犯罪现象,其严重危害了网络及社会秩序。在网络赌博犯罪的司法认定中,需要准确认定赌博网站代理行为的性质;提供技术支持、帮助收取赌资、提供劳务性帮助者可依共犯认定原理依法认定为共犯;在网络赌博的赌资认定上,虚拟货币的价值需按与现金兑换规则确定,微信抢红包中数额认定应遵循实际投注额或赢取额的规则。

关键词:网络赌博　开设赌场罪　赌资　司法认定

网络技术快速发展、不断普及给人们带来了方便和快捷,但是利用网络实施的犯罪也不断增多。赌博犯罪逐渐以网络为载体,与传统赌博相比,网络赌博犯罪因网络覆盖范围非常广泛而隐秘性强,组织机构严密,涉案人数众多,金额巨大,地域广泛。虽然打击力度逐年加大,但是,由于抓获难、取证难,网络赌博犯罪活动屡禁不止。

2005 年 5 月最高人民法院、最高人民检察院《关于办理赌博刑事案件具体应用法律若干问题的解释》(以下简称《解释》)明确规定了网络开设赌场的几种情形,①网络开设赌场属于赌博罪中的情形。2006 年 6 月《刑法修正案(六)》不再将开设赌场作为赌博罪的一种形式,而是单列成一个罪名。2010 年 8 月,最高人民法院、最高人民检察院、公安部出台《关于办理网络赌博犯罪案件适用法律若干问题的意见》(以下简称《意见》),明确定罪量刑标准,共犯的认定和处罚,参赌人数、赌资数额和网站代理的认定等问题。尽管上述司法解释为网络赌博犯罪的司法认定提供了重要指导,但随着技术发展,新型网络赌博类型不断增多,实务中对一些问题仍存在较大争议,相关问题需要进一步厘清和分析。

---

* 陈昊,江苏省宝应县人民检察院第二检察部检察员。

① 《解释》第二条规定:以营利为目的,在计算机网络上建立赌博网站,或者为赌博网站担任代理,接受投注的行为,属于刑法第三百零三条规定的“开设赌场”。

一、赌博网站代理行为的认定

《意见》中规定了四种网上开设赌场的情形,[①]前两种和第四种形式都不难理解,但是关于《意见》中规定的第三种情形为网站担任代理并接受投注的,在实务中不易把握,因此需要进行具体分析。

(一)"赌博网站代理"的理解

为赌博网站担任代理就是明知该网站系赌博网站,代表管理者、经营者来从事开设赌场的行为。哪些行为可以认定网络赌博中的"代理"? 由《意见》第三条规定[②]可以看出,认定代理的条件有两个:一是在赌博网站上有自己的账号,且这个账号是"代理"账号,不是普通的"会员"账号,账号除了具有投注的功能还应当具有可以发展下线的功能;二是要有下级账号,在上级账号的基础上,还需要发展下级账号,也就是说,必须实现上下级关系,明显呈现出金字塔形的代理关系。

然而,实践中对于"底层代理"定性仍然存在争议,行为人担任赌博网站代理,并且发展下级会员,从中获取赌博网站返点提成,那么行为人该如何定性?[③]笔者认为,判断"为赌博网站担任代理"的依据,就是看代理是否"设置有下级账号"。代理的目的是扩大赌博网站规模、发展会员、稳定经营等,代理如果仅仅有账号,但是除了自己投注或者借给他人用该账号、密码进行赌博,自己从中抽头渔利外无其他作用的,那么实质上有代理之名,无代理之实,没有体现代理的作用。如果没有下级账户的发展,行为人与赌博人员之间的管理和被管理,控制和被控制关系就无法实现。通过下级账户,可以确认代理已经发展了下一级组织,并且充当赌博网站的代理。没有担任代理,而是通过利用自己掌握的赌博网站的网址、账户、密码等信息,组织多人进行网络赌博活动,则应认定为聚众赌博罪。[④]

需要进一步说明的是,网上开设赌场可能有总代理、一级、二级代理,每一层级的性质该如何界定? 根据《意见》的规定,只要是发展了下级代理,不论自身的代理级别,都应视为赌博网站的代理人,都是开设赌场的行为。

(二)"并接受投注"的理解

"并接受投注"是赌博网站运营的必要条件。不管是建立网站,还是出租网站,抑或

---

① 《意见》第一条规定:利用互联网、移动通讯终端等传输赌博视频、数据,组织赌博活动,具有下列情形之一的,属于刑法第三百零三条第二款规定的"开设赌场"行为:(一)建立赌博网站并接受投注的;(二)建立赌博网站并提供给他人组织赌博的;(三)为赌博网站担任代理并接受投注的;(四)参与赌博网站利润分成的。

② 《意见》第三条规定:有证据证明犯罪嫌疑人在赌博网站上的账号设置有下级账号的,应当认定其为赌博网站的代理。

③ 2014 年 11 月至 2015 年 10 月 10 日,被告人季某某在其家中,利用计算机互联网在"宝都棋牌"赌博网站担任代理,并大量发展下级会员,从中获取赌博网站返点提成。截至 2015 年 10 月 10 日被查获时,被告人季某某通过该赌博网站非法获利计人民币 123,147.49 元。

④ 高贵君等:《〈关于办理网络赌博犯罪案件适用法律若干问题的意见〉的理解与适用》,载《人民司法》2010 年第 21 期。

是担任代理,都要有接受投注的行为,但如果没有接受投注,那么说明网站还没有实际运营。《意见》中规定了担任代理并接受投注的行为属于开设赌场,但是没有明确解释"投注"的含义。从字面上来看,"接受投注"就是接受参赌人员投进去的财物,在网络赌博的代理型赌博中,"接受投注"就是在网络赌博中担任某一级代理,发展下级会员,并且下级会员投进去财物的情形。

在实践中,"接受投注"可能会出现代理发展了下级会员,但是下级会员不直接向代理人进行投注,而直接向网站投注的情形,那么此时代理人的行为是否属于开设赌场的行为? 一种观点认为,为赌博网站担任代理必须由代理者接受投注,才构成开设赌场的行为。另一种观点认为,只要接受投注,不管是跟网站进行投注还是跟代理进行投注,都应当认定为开设赌场的行为。[①] 问题争议的焦点在于,应当向谁进行投注? 从《意见》条文的内容上来看,"为赌博网站担任代理"并"接受投注"是构成开设赌场罪的两个并列的条件,两者在同一条文中,同时出现,缺一不可。如果下级会员只是跟网站进行结算,那么代理实际上就没有"接受投注"的行为,因此,不能认定开设赌场罪。代理的作用除了发展下线,同时还应当与下级会员进行结算,是赌博网站与参赌人员之间的中介。如果没有对下级会员"接受投注"的行为,那么代理的作用就是发展会员,显然与《意见》的原意是相背离的。如果认为,只要是下级会员进行投注,不论是向网站还是向代理进行投注,一概认为就是开设赌场罪,实际上是对《意见》的扩大解释,不符合罪刑法定的原则。

二、网络开设赌场犯罪的共犯认定

网络赌博是以互联网为载体的一种赌博方式,因其特定的组织架构,多以共同犯罪的形式存在。尽管司法解释规定较为具体,但实践中仍存在诸多"变形"形式,如何准确认定共犯,值得进一步研讨。

(一)提供技术支持者的共犯关系认定

提供技术支持者通常实施的是帮助行为,构成帮助犯。通说认为,为共同犯罪的实行提供方便、创造条件,就是帮助犯。网络赌博中如果没有技术支持,网络赌博几乎实施不了,因此提供技术支持者自然具有帮助犯的性质。帮助犯是基于共同犯罪人分工不同而进行划分,但刑法主要根据共同犯罪人的作用不同,将共同犯罪人划分为主犯和从犯(教唆犯除外),立法上没有规定帮助犯的概念。作为帮助型的犯罪,在司法适用上,仍然要进一步区分出主犯和从犯。通常认为,主犯是在共同犯罪中起较大作用的犯罪人。按照这样的定义,技术支持提供者的技术支持,对于网络赌场的开设,至关重要,应当认定为主犯。但是,如果直接将提供技术支持者认定为主犯,无疑会导致罪刑不相适应的后果,因为很多技术帮助者并不是犯意的肇事者,对犯罪行为的发展也不具有支配性关系。

① 参见杨洪广等:《利用网络实施赌博犯罪如何适用法律》,载《人民检察》2014 年第 6 期。

对此,不能仅凭技术本身所具有支持功能,就认定技术提供者在共犯中发挥了主要作用,而是必须根据技术支持者在网络赌博中所处的地位、对犯罪形成的作用、在网络赌博中实际参与度、对网络赌博犯罪结果支配程度等进行具体分析,来判断其是否属于主犯,还是从犯。若提供技术支持者仅仅是明知他人开设网络赌博平台而提供一般技术支持的,通常应认定为从犯;但若提供技术支持者直接参与到共同犯罪的组织、策划中来,则可以认定为是主犯。

需要注意的是,《刑法修正案(九)》增设了帮助信息网络犯罪活动罪,①将技术帮助行为入罪,作为单列的罪名,实现了帮助行为正犯化。帮助信息网络犯罪活动罪实际上是一个兜底罪名,为网上开设赌场提供技术支持的,在符合帮助信息网络活动罪构成要件的情形下,也可以构成该罪。这种情况属于刑法上的想象竞合犯,从一重罪处罚。

(二)"中间商"帮助收取赌资的共犯认定

网络犯罪往往依赖于网络支付平台实现现实货币与虚拟物品的兑换,根据《意见》的规定,网络赌博利用第三方支付平台主要实现收取服务费和收取赌资,但不管是何种形式,最终是通过第三方支付平台实现。

在帮助收取赌资的情形中,有一些所谓的"币商""银子商",这些人员为赌博网站销售或者回收筹码,从中赚取差价,以达到牟利的目的。低买高卖,将无形的虚拟货币兑换成现金。根据《意见》的规定,此类行为实质上也是为赌博网站提供资金支付结算帮助的,构成开设赌场罪的共同犯罪。即行为人必须"明知"所买卖的筹码性质,此时,才构成开设赌场罪的共同犯罪。当然,如果行为人确实不知晓兑换筹码的性质,那么就有可能不构成开设赌场罪,而是对应其他相应的罪名,如洗钱罪、非法经营罪等。

(三)劳务性帮助的共犯认定

所谓劳务性帮助,本质上属于中立行为,是指行为人实施了日常生活中的劳务行为,但客观上对于网络开设赌场具有帮助效果。行为人明知是赌博网站,具有帮助购买电脑、电话召集人员等帮助行为,但是不参与"分红",仅领取相应的"工资"。那么,行为人是否构成开设赌场罪的共犯?

笔者认为,应当认定开设赌场的共犯。从主观方面来看,行为人明知是赌博网站,有明确的意思联络,具有共同的犯罪故意。从客观方面来看,行为人尽管没有实施《意见》所规定的帮助行为,也没有参与利润分成,但行为人的客观行为为正犯的实施犯罪提供了便利、创造了条件。根据《刑法》的规定,对从犯的认定主要是通过与主犯的共谋、从犯的参与程度以及从犯在整个犯罪中所起到的作用来综合判断。虽然行为人不参与决策,

---

① 《刑法》第二百八十七条之二规定:明知他人利用信息网络实施犯罪,为其犯罪提供互联网接入、服务器托管、网络存储、通讯传输等技术支持,或者提供广告推广、支付结算等帮助,情节严重的,处三年以下有期徒刑或者拘役,并处或者单处罚金。单位犯前款罪的,对单位判处罚金,并对其直接负责的主管人员和其他直接责任人员,依照第一款的规定处罚。有前两款行为,同时构成其他犯罪的,依照处罚较重的规定定罪处罚。

但是不能否认行为人在整个网络赌博过程中参与帮助的行为,行为人对报酬也进行了提前的约定,虽然没有参与"分红",但是实际上是一种利润的分配方式,并得到了双方的认可,故此,应当认为行为人实际参与了网络开设赌场的犯罪活动。

尽管《意见》没有规定提供劳务帮助,只领取报酬,不参与"分红"的情形,但根据刑法总则的共犯理论,只要有共同的犯意,共同的实施行为(包括帮助)就可以认定为共犯。不过具体到个案,还要看没有参与"分红"的帮助人在开设赌场活动中所起的作用。若明知行为人是开设赌场,提供了部分帮助,但是所起到的作用微乎其微,这样情节显著轻微的,不构成犯罪。

三、网络赌博犯罪的赌资认定

关于网络赌博中赌资的认定,《解释》第八条[①]、《意见》第三条[②]都有所规定,从这些规定中可以看出,投注额或者是赢取额的计算就是认定赌资的形式,但是如何去计算,以什么作为计算的依据,需要进一步讨论。

(一)"投注额"和"赢取额"的计算

如何计算投注额?在传统的赌博案件中,一般是以参赌人员被当场缴获的资金作为赌资数额。根据司法解释,网络赌资认定的两个关键点就是"投注额"和"赢取额"。用不同的方式来计算"投注额"或"赢取额",不可避免地会导致计算出的"投注额"或"赢取额"的不同,进而使得赌资数额存在较大差异。

1."投注额"的计算方式

在网络赌博案件中,赌资多以电子支付的方式实现,侦查机关调取相关的电子证据,其账目往来就一目了然,但是"投注额"是否可以完全按照赌博网站系统中所显示的截至案发之日的账户显示投注额为计算依据呢?

在传统的赌博活动中,如果参赌人员都拿一定的现金进行投注,在赌博活动之后,总的赌资数额一般不会超过每个参赌人员所投入金额的总和。但是,在整个赌博的活动中,可能各参赌人员已经多次投注,如果采取累加的计算方法,会出现实际投注额大于赌资的情况,[③]所以,操作中一般是按照被抓获时现场实际查获的赌资来计算,而不是按照参与人所参与的多局的赌博活动的投注金额累加来计算。

同样地,如果在网络赌博中,参赌人员用一个账户多次进行投注,本局赢的钱可以投入下一局,循环往复,如果按照多次投注的金额累加计算,就会出现实际投注额大于赌资

---

① 《解释》第八条规定:通过计算机网络实施赌博犯罪的,赌资数额可以按照在计算机网络上投注或者赢取的点数乘以每一点实际代表的金额认定。

② 《意见》第三条第二款规定:赌资数额可以按照在网络上投注或者赢取的点数乘以每一点实际代表的金额认定。

③ 参见金果:《网络赌博中赌资数额的计算》,载《人民司法·案例》2017 年第 2 期。

的情况。[①] 例如,在网络赌博中,参赌人员以 1 万元进行投注,赌一局,赌资就是 1 万元,但是如果连续赌 10 局,每次投注 1 万元,进行累加,"投注额"就是 10 万元。在短时间内在账户额度内连续、反复投注,如果按照每局投注额进行累加,那么计算出的"投注额"可能远远超过参赌人员实际最初投入资金的数额。仅仅通过赌博网站系统中显示的截至案发日期的账户上显示的"投注额",会产生重复计算"投注额"的可能性,显然是不合理的。合理认定"投注额",应该按照行为人在赌博账户内所充值的现金来计算投注额。行为人在赌博账户内所充值的现金是客观反映投注额的一个方式。

2. "赢取额"的计算方式

在网络赌博案件中,认定赌资除了"投注额",还有"赢取额"。"赢取额"跟计算投注额一样,也是按照实际的赢取额来计算。网络赌博较之于传统赌博,操作时间更短,赌博次数相应更多,参赌人员可以用同一账号在短时间内多次参赌。赌博作为"射幸"行为,有可能赢有可能输。例如,参赌人员以 1 万元投注,共参赌 5 局,前 4 局每局赢 1 万元,最后一局输 2 万元。那么,"赢取额"就不是累计的赢取额 4 万元,而是应当减去最后一局输掉的 2 万元和投注额 1 万元。因此,"赢取额"是应当按照实际赢取的数额来计算。

3. 赌资的认定

在明确"投注额"和"赢取额"计算标准的基础上,赌资是二者择其一计算,还是二者相加计算? 笔者认为,可以根据不同情况具体区分。如果网络赌博的参赌人员在多次投注后赌赢,那么认定其赌资应当包括其实际"投注额"和"赢取额"的总和;如果没有赢,参赌人员输了或者平了,那么其赌资就可以按照实际"投注额"计算。

当然,除了上述方法认定赌资以外,在实践中有时无法逐一查明其赌资,[②]那么,可以结合开设赌场的犯罪嫌疑人所持有的银行账户,有无频繁接收、流转资金的情况来甄别,如果开设赌场的犯罪嫌疑人不能说明其资金流向的合法性,那么,就应当认定为赌资。但是需要注意的是不能将犯罪嫌疑人的合法财产当作赌资认定。同时还需要注意的是,该认定方法不适用于其他参赌人员,仅适用开设赌场的人员,而对于其他参赌人员的银行账户,没有证据证实与开设赌场的人员有联系的,就不能扩大适用该条。

(二)虚拟货币的赌资数额的认定

有些网络赌博以网络游戏作为幌子,来兑换虚拟物品,包括虚拟货币、游戏道具等,只要有实际兑换、支付的功能,实质上是与"筹码"一致。由于虚拟货币本身不是赌资,只有虚拟货币与现金兑换价格相关联后,虚拟货币代表的现金数额才是赌资。

赌资的认定应当以虚拟货币的实际价值来计算。此类网络赌博的关键是找出现金

---

① 参见姚珂、田申:《论利用网络开设赌场犯罪的法律适用》,载《中国检察官》2012 年第 5 期。

② 《意见》第三条第四款规定,对于开设赌场犯罪中用于接收、流转赌资的银行账户内的资金,犯罪嫌疑人、被告人不能说明合法来源的,可以认定为赌资。

和虚拟货币兑换的规则,只要确定现金和虚拟货币兑换的规则即可。然后,对应于投入赌博的虚拟货币的金额可以直接认定为赌资。但需要注意的是,虚拟货币虽然有支付结算的功能,但是不同于固定"筹码",支付结算往往会受到市场的波动。比如,考虑到网络赌博流动资金巨大,为规避监管,犯罪团伙后期分红及奖金大多通过比特币发放,使用比特币作为支付结算工具,而比特币的价值根据市场有涨有跌,购买时的价格跟结算时的价格可能相差甚远,其价值难以衡量。[①] 对此,应当按照购买该虚拟物品所需资金数额或者实际支付资金数额认定。

兑换成比特币投注时,计算投注额可以直接按照实际购买的价格。但是如果计算赢取额,就无法直接用购买时的资金数额进行衡量,无法衡量其虚拟货币的波动性,那么应当以交割时的实际支付金额来计算。如果还未进行交割,其赢取额仍以虚拟货币的形式存在,那么应当以案发时的实际价值来计算,这样的计算方式相对科学。

(三)微信"抢红包"赌博的赌资数额的认定

微信抢红包的赌博群在近几年的网络赌博案件中所占比例越来越大。不同于传统赌博的是,微信赌博群中没有下注的款物、筹码等,也不同于其他的网络赌博中出现的"点数"、虚拟货币等,多以"微信红包"的形式呈现,如何准确认定微信"抢红包"赌博中的赌资数额,是值得研究的问题。

1."启动包""赔付包""返利包"的认定

在微信抢红包的赌博群中,群主发的红包、参赌人员抢的红包,都应当看作赌资。但是在操作中"启动包""赔付包""返利包"等,是否应当不计算为赌资?赌资的认定要看"投注额"或者"赢取额"。尽管"启动包""赔付包""返利包",都不属于"投注额"和"赢取额",但其是为了来吸引更多的参赌人员进群参赌,维系赌博微信群的运营。因此,其数额可以算作犯罪成本,但是不能从赌资中减去,应当作为"投注额",属于赌资范围。在微信抢红包赌博群中,赌资的计算同样要遵循按照实际投注额以及赢取额来计算。微信抢红包赌博群的赌资也有可能出现重复计算的问题,同样,不能重复计算,逐次累加,而应当根据其实际的赌资进行计算。

2.微信账户的资金性质

在微信抢红包的赌博群中,因为没有筹码、没有点数,参赌人员的账户就是赌资的表现形式。微信红包账户中的钱要分清其来源,不能与赌资混同,参赌人员账户中原有的资金,没有参赌的资金以及相关收益等,就不能认定为赌资数额。

当然,微信抢红包群中的组建者、管理者等这些组织人员账户中的资金要分清哪些是用于开设赌场的赌资,哪些是自己参赌的部分,两者概念不能混同。倘若账户中的资

---

① 于志刚:《网络开设赌场犯罪的规律分析与制裁思路——基于100个随机案例的分析和思索》,载《法学》2015年第3期。

金性质混淆不清,对组织者涉嫌不同罪名的定罪、量刑会产生偏差。

在微信账户中,如果赌资存入微信零钱,那么就按照交易记录、入账数额等来计算赌资。但是如果将赌资存入微信账户零钱通,产生的孳息是否应当计算在内?孳息系指原物之收益。在民法上,孳息可分为天然孳息和法定孳息。法定孳息则是指依法律的规定或者当事人的约定而产生的收益,如存款的利息、股票(权)派生的红利等。[①] 赌博犯罪中没有明确规定孳息的性质。存入零钱通的赌资孳息,既不是赌注,也不是赢取额,只是赌注或者赢取额放入投资账号中的利润,因此不能作为赌资计算。同时,这些孳息的来源是赌资或者是组织者的违法所得,由此产生的利润,应当属于组织者或者是参赌人员的违法所得。这一部分的孳息,应当属于违法所得,应予以追缴,但不能以赌资来认定。

---

① 参见李敬、郭小锋:《刑法上"孳息"的处理应区别对待》,载《检察日报》2008 年 6 月 24 日。

检察机关打击电信网络诈骗犯罪的路径分析

江苏省扬中市人民检察院课题组*

摘要:电信网络诈骗犯罪的滋生和蔓延不仅侵害了社会公众的财产权益,降低了公众的安全感,而且严重扰乱了社会秩序的稳定,引发信任危机。电信网络诈骗犯罪的跨区域化、虚拟化、公司化使检察机关在打击此类犯罪时面临取证难、此罪与彼罪区分认定难等困境。为进一步突破打击电信网络诈骗犯罪的屏障,检察机关应从加强多方协作、总结类案经验、参与网络社会治理等层面入手,精准打击电信网络诈骗犯罪。

关键词:电信网络诈骗　现实困境　破解路径

随着互联网技术的迅猛发展和移动通信工具的交替更迭,日新月异的电子信息技术使公众之间的联系突破时间和空间的限制,便利公众工作和生活的同时,也为犯罪分子利用电信网络实施违法犯罪活动提供了媒介和工具,然而,电信网络的虚拟性和非接触性、电子支付的即时性和便捷性、个人信息扩散的多流向性和保护的碎片化加大了检察机关预防和打击电信网络诈骗的难度。

一、电信网络诈骗犯罪的手段及特征

(一)主要手段

1. 利用伪基站发送诈骗短信。例如,桑某等人购置伪基站设备后流窜江苏、河南、山西等地冒充银行发送客服诈骗短信。

2. 利用 QQ、陌陌等聊天软件,发布虚假链接、虚假中奖信息或者虚构身份骗取被害人钱财。例如,许某等人组建 QQ 聊天群并在群里发布虚假的彩票网站网址链接、虚假

* 课题负责人:江苏省扬中市人民检察院副检察长姚俊;课题组成员:江苏省扬中市人民检察院第一检察部副主任汤菲,第四检察部副主任贺俊,第二检察部检察官助理杨敏,办公室副主任朱孟超。本文系江苏省镇江市社科联、镇江市法学会、镇江市人民检察院 2018 年度重点调研课题成果。

的中奖获利信息，谎称群主能够猜中中奖号码，骗取群成员信任后鼓动群成员登录网站投注彩票。

3. 利用网络注册虚假公司用以招徕顾客，骗取货款。例如，赵某在网络上注册虚假公司后发布销售信息，被害人与其联系后以先汇款后发货为由骗取被害人货款。

4. 利用网络搭建虚假交易平台，吸引被害人开户投资和交易。例如，黄某等人搭建可人为控制涨跌的交易平台，诱骗被害人投资进而骗取钱财。

（二）主要特征

1. 犯罪呈团伙化、跨区域化，受害范围广。电信网络诈骗犯罪内部分工明确，犯罪工具的购置、被害人信息的搜集、诈骗行为的实施、资金的转移各环节均有专人负责，①甚至衍生出公司化运营的诈骗模式，②内部层级分明，各司其职。以黄某等人诈骗案为例，黄某等人成立 A 电子商务公司后再划分成不同团队致力于吸引投资人。层级低的组员在视频网站发布炒股视频，广泛撒网，并冒充炒股散户与投资人接触，时机成熟后推荐团队经理给投资人，再由团队经理冒充资深股民与投资人交流，将投资人引诱到 A 公司开设的直播间，在直播间内由讲师宣传 A 公司的产品优势并且以可以预测大盘走势为由诱骗投资人开户交易，待投资人根据讲师的预测实际操作后，再通过后台反向调整平台大盘，卷走投资资金，再安排专人负责将资金转入银行卡和取现。整个诈骗团伙以公司化运营，上下级层层分工，诈骗实行行为环环相扣。电信网络诈骗犯罪跨区域性既可以是犯罪嫌疑人利用电信网络的非接触性实施犯罪行为，造成多个区域被害人受损，也可以是犯罪嫌疑人跨区域流窜实施犯罪行为，导致被害人人数和受损情况难以全面统计。

2. 诈骗手段科技化、虚拟性明显，迷惑性加剧。电信网络诈骗犯罪从初期的群发诈骗短信，到电子设备与网络社交软件相结合，网络信息技术的发展使犯罪嫌疑人诈骗手段也日益翻新。利用现代通信和网络技术，犯罪嫌疑人可以躲藏在虚拟的网络背后为自己虚构各种身份，编造多个谎言，突破空间的限制获取被害人银行账户以及支付密码等各类信息，而且网络的虚拟性也便利犯罪嫌疑人隐匿证据、逃避法律追捕。为了能够让诈骗行为不易被戳穿，犯罪嫌疑人会不断更新诈骗手段以及骗术“剧本”，增加诈骗行为的迷惑性和说服力，使得社会公众防不胜防。被害人对于网络中的各类信息难辨真假，很容易误入犯罪分子设置的圈套，并且在短时间内难以意识到被骗，从而更给犯罪分子转移和隐匿财产提供了充足的时间。

3. 电信网络诈骗的灰黑色产业链逐渐形成。部分电信网络犯罪呈现出规模化，不仅涉及诈骗犯罪，还会滋生帮助信息网络犯罪活动罪、提供侵入计算机信息系统工具罪等关联犯罪，产生犯罪连锁效应。例如，董某等人帮助信息网络犯罪案中，董某等人明知他

---

① 参见胡建跃、刘浩阳、蔡东庆：《电信诈骗犯罪及打击防范技术研究》，载《警察技术》2016 年第 2 期。

② 参见李睿懿、王珂：《惩治电信网络诈骗犯罪的主要法律适用疑难问题》，载《法律适用》2017 年第 9 期。

人将接口用作违法犯罪活动的情况下,仍利用淘宝网店、QQ群发广告等形式对外出售第三方支付接口,并根据接口流入的资金按比例分赃。再如,Y市检察院办理的多起"一元链接"诈骗案件,如果能够直接追溯和查办制造"一元链接"的犯罪分子,将从源头上有效打击此类犯罪。由此可见,电信网络诈骗犯罪的猖獗一定程度上正是得益于上下游犯罪的帮助,犯罪分子通过上下游灰黑产业链和犯罪利益链使电信网络诈骗犯罪得以实施,犯罪所得及其收益得以转移。[①]"周边行为"对于电信网络诈骗犯罪的滋生、扩散以及发展提供了极大的便利,也加大了惩治此类犯罪的难度。

二、检察机关打击电信网络诈骗犯罪的现实困境

(一)新型犯罪模式对传统犯罪打击手段的冲击

电信网络诈骗犯罪管辖权的确定直接影响案件侦查的有效性和全面性。《刑事诉讼法》第二十五条、《公安机关办理刑事案件程序规定》第十五条规定了刑事案件地域管辖原则,但将犯罪地放在网络空间内,对于犯罪行为发生地和犯罪结果发生地的解读势必与传统型犯罪存在差异,犯罪地的界定相对而言也会更加复杂。《关于办理电信网络诈骗等刑事案件适用法律若干问题的意见》(以下简称《意见》)以列举的方式对传统犯罪属地管辖原则做出了适当调整,增加了电信网络诈骗犯罪的网站服务器所在地,网站建立者、管理者所在地,被侵害的计算机信息系统或其管理者所在地,犯罪嫌疑人、被害人使用的计算机信息系统所在地,诈骗电话、短信息、电子邮件等的拨打地、发送地、到达地、接收地,以及诈骗行为持续发生的实施地、预备地、开始地、途经地、结束地,将犯罪地从现实空间扩展到了网络空间,避免了传统管辖原则可能出现的"管辖真空",[②]客观上也增加了电信网络诈骗犯罪的管辖主体,尤其对于跨区域的电信网络诈骗案件而言,此时就需要指定管辖、并案侦查等措施及时对管辖权问题进行确定,防止侦查工作的分散化,避免案件在后续办理中因出现管辖权争议而贻误进度。

电信网络诈骗犯罪的跨地区性、受害人数的不确定性等直接影响取证的及时性和完整性。电信网络诈骗犯罪中犯罪嫌疑人隐身于网络,使用虚拟身份,加大了抓捕犯罪嫌疑人的难度,对于团伙作案以及公司化运营的作案模式,能否将犯罪嫌疑人一网打尽直接影响取证是否全面;电信网络诈骗案件的跨区域性,往往需要侦查机关奔赴多地调查取证,考验侦查机关办案能力的同时也加剧了办案期限的紧迫性,影响到证据收集、固定的及时性;电信网络诈骗案件中受害人数众多,一时难以全面统计,即便采用公告的形式收集受害人信息也难以突破地域的限制,同时犯罪嫌疑人会通过各种手段和途径对违法所得进行"洗白",从而造成犯罪数额的取证工作困难重重,取证工作的难度直接影响到

① 参见梁根林:《斩断灰黑产业链　惩处关联犯罪》,载《检察日报》2016年12月22日。

② 参见李睿懿、王珂:《惩治电信网络诈骗犯罪的法律适用疑难问题》,载《法律适用》2017年第9期。

犯罪事实的查清以及涉案数额的认定。

庞杂的电子数据直接影响证据能否环环相扣、相互印证。电子证据与普通书证、物证相比,存在易被篡改、伪造甚至破坏等弊端,加大了电子证据收集的难度,同时也要求侦查机关办案人员在提取电子数据时必须具备专业的知识和能力,避免电子证据的流失。电信网络诈骗案件中犯罪行为主要借助电子数据的发送和交换实施,存在大量种类繁多的电子数据,如银行账户交易明细、第三方支付平台交易记录、QQ、微信、短信聊天记录,电子数据的调取和分析均需要花费大量的时间和人力,不仅要考察各个电子证据的证据能力和证明力,还要查明电子证据之间的相互印证关系,并结合被害人陈述、犯罪嫌疑人供述与辩解树立案情脉络,建立证据锁链。

(二)犯意联络不清晰导致罪与非罪、此罪与彼罪、主从犯难以区分认定

犯意联络是将个体的犯意联结成一体,使得各行为人形成共同故意犯罪并在其支配下成为有机整体,是故意共同犯罪的各行为人承担刑事责任的主观基础,犯意联络可以采取明示或者默示的方式进行。[①] 在电信网络诈骗犯罪中,多人作案尤其是公司化运营的诈骗集团,行为人分工明确,形成上下层级,各个层级对于公司运营事项在信息层面是不对等的,层级越往上掌握的信息就越多,犯意联络和主观明知程度也会随之增强。犯意联络的有无以及犯意联络的内容直接决定了对犯罪嫌疑人的定罪。

以黄某等人诈骗案为例,A 公司可以划分为三个层级:一是以黄某、王某、越某等人为主的第一梯队,三人共谋搭建虚假交易平台,对于公司实施诈骗的事情最为了解;二是以甘某、孙某等人为主的第二梯队,明确知道交易平台的性质,并配合王某等人进行平台的幕后操作;三是以李某、程某等人为主的第三梯队,冒充炒股散户与投资人接触,骗取其信任。在对李某、程某等第三梯队的犯罪嫌疑人进行定罪时,主要有两种意见,一种意见认为成立诈骗罪的共犯,定从犯,另一种意见认为成立帮助信息网络犯罪活动罪。之所以会存在两种意见是因为对李某、程某等人的犯意联络存在不同认识。认为成立帮助信息网络犯罪活动罪的理由如下:李某、程某等人通过招聘进入公司后,在工作过程中发现公司交易平台波动不正常,怀疑交易平台是可以人为操控的。这种主观明知停留在怀疑的程度,尚未达到构成诈骗罪共犯的程度,考虑到成立帮助信息网络犯罪活动罪的犯意联络要低于成立诈骗罪的共犯,且李某、程某等人实施的行为对于犯罪结果的发生有积极的促进作用,因此可以以帮助信息网络犯罪活动罪追究刑事责任。江苏省 Y 市检察院经过讨论,最终是认为李某、程某等人成立诈骗罪的共犯,理由如下:一是共同故意犯罪具有概括的犯意联络即可,对于共同行为的性质和结果具有概括性认识,不要求对于犯罪行为的每一个细节都清楚。并且犯意联络不要求必须事前通谋,在实行行为实施的过程中也可以形成犯意联络。李某、程某等人发现平台的交易走向和直播间内的讲师预

---

① 参见马春平:《犯意联络问题研究》,郑州大学 2011 年硕士学位论文。

测的走向相反，平台交易的投资者一直亏损，于是对平台的正当性产生怀疑，相互之间对平台的不正常波动进行过交流，提出后台是可以人为操控的，并且向上级求证。二是李某、程某等人在吸引投资者时使用虚假身份，冒充股民与投资者交流，引诱投资者进入公司开设的直播间听课，并冒充普通投资者在直播间内配合讲师，引诱投资者相信讲师的预测进而在公司的交易平台上开户投资，李某、程某等人了解到平台的不正当性后依然继续实施上述行为。三是李某、程某等人的工资构成包括底薪加手续费提成。因此李某、程某明知（应当知道）公司从事涉嫌诈骗的活动依然参与，应当以诈骗罪的共犯追究刑事责任。

随着电信网络诈骗犯罪的集团化、公司化，要想实现准确惩处犯罪嫌疑人，不可避免要对各个犯罪嫌疑人的主客观方面、在犯罪中所起的作用、造成的结果进行逐个分析，而犯意联络影响着此罪与彼罪、罪与非罪、主从犯的区分认定，但将主观的犯意联络用客观事实和证据予以固定并非易事，往往要结合个案具体分析。

三、检察机关打击和防范电信网络诈骗犯罪的路径

（一）加强多方协作，形成打击合力

检察机关在案件侦查阶段精准介入，实现重大案件快速反应。借助检察机关和公安机关联席会议，在了解案件事实和证据的基础上，检察机关从案件审查起诉的标准对证据调取、事实认定、法律适用等提出意见，[①]重点关注以下三个方面：一是犯罪嫌疑人在作案过程中使用的各类电子数据是否已经进行全面、有效收集，如银行账户交易明细、第三方支付平台交易记录、QQ、微信、短信聊天记录等，避免电子证据的遗漏以及后期难以补证；二是现有证据在反映犯罪嫌疑人作案模式、犯意联络、赃款流向等方面是否存在缺失，提出在提取和固定证据、完善证据锁链方面的建议；三是案件侦查是否有遗漏的事实和犯罪嫌疑人，在部分主犯未到案的情况下有时会影响全案案情的梳理，甚至会造成部分已到案犯罪嫌疑人负隅顽抗，影响取证工作，因此检察机关和公安机关对于案件侦查进度的把握、口供的突破以及查办方面也可以在提前介入阶段深入探讨，为案件由侦查至移送审查起诉夯实基础。

电信网络诈骗不断与互联网技术以及金融等领域相结合，对于检察机关办案的专业化也提出了更高的要求。检察机关在办案过程中可能会受互联网、金融、虚拟交易等专业知识的局限，因此为了更好地审查和认定犯罪事实，厘清作案模式，检察机关可以积极开展与相关领域专业人员的协作，为办理此类案件提供专业支持。同时，检察机关可以联合侦查机关，加强与银行、电信等部门的配合，在获取技术支持、简化取证流程等方面达成一致意见，借助多方协作形成打击犯罪的合力，最大化地缩短办案期限，推进追赃挽

---

① 参见胡印富、王飞、周梅：《检察机关提前介入侦查问题研究》，载《人民检察》2018 年第 4 期。

损工作。

(二)总结类案经验,突出宽严相济刑事政策

打击电信网络诈骗犯罪棘手之处就在于犯罪类型不断翻新,罪与非罪、此罪与彼罪的区分难度不断上升,从而对办案人员理解和适用法律的能力提出了更高的要求。针对电信网络诈骗犯罪的特点,检察机关也应与时俱进,敢于"破"和"立",灵活运用《刑法》和司法解释应对和解决犯罪中的新问题,发挥司法解释对法律、法规的补足作用。同时应当注意梳理个案中的争议焦点和解决举措,对帮助取款行为、主观故意、主从犯的司法认定进行理论探索和经验总结。① 为了进一步提升电信网络诈骗犯罪的办案素能,检察机关应当充分发挥指导性案例的指引作用,对于有典型意义的此类犯罪可及时编纂指导性案例并发布,为电信网络诈骗犯罪的定罪量刑、法律适用、证据固定等提供权威性的参考依据,提高办案指导和法律适用的实效性。

检察机关在办理电信网络诈骗犯罪时应突出宽严相济政策。在对刑事犯罪区别对待的基础上,科学、灵活地运用从宽和从严两种手段,可以实现有效打击犯罪和最大化地减少社会对立面。② 电信网络诈骗犯罪尤其是以公司化运营为模式的案件,一般涉案人员较多,人员分工明确,但是各个犯罪参与人的主观恶性、人身危险性以及发挥的作用却不尽相同,因此在这种情况下需要对各个犯罪参与人区别对待,正确量刑,以达到精准打击犯罪的目的。《意见》在坚持依法严惩电信网络诈骗犯罪的同时已经体现出了对宽严相济刑事政策的科学运用,③如对电信网络诈骗犯罪的主从犯认定及其承担责任范围作了区分认定,对于在犯罪集团中起次要、辅助作用的从犯,特别是在规定期限内投案自首、积极协助抓获主犯、积极协助追赃的,可以依法从轻或减轻处罚。当然,在电信网络诈骗集团中也存在一些参与者本身也是受骗者,对于这部分参与人的处理更应当凸显宽严相济的原则。虽然《意见》对此未明确规定,但是参照《关于办理非法采矿、破坏性采矿刑事案件适用法律若干问题的解释》以及《关于办理利用赌博机开设赌场案件适用法律若干问题的意见》的规定,对于提供劳务的人员,除参与利润分成或者领取高额固定工资的以外,一般不以犯罪论处。因此,笔者认为,在电信网络诈骗犯罪中,对于一般劳务者,有证据证实其未参与利润分成或者领取高额固定工资的,可以不予追究刑事责任。

(三)积极参与网络社会治理,增强公众防范能力

今后随着互联网技术的继续发展,电信网络诈骗犯罪借助现代科学技术会呈现出更

---

① 参见侯智等:《打击电信网络诈骗犯罪的困境检视与实务应对——以 137 个案例为切入》,载《天津法学》2018 年第 2 期。

② 参见李艳:《宽严相济刑事政策在惩治电信网络诈骗犯罪中的科学运用——基于"两高一部"〈关于办理电信网络诈骗等刑事案件适用法律若干问题的意见〉的分析》,载《法律适用》2017 年第 9 期。

③ 参见李艳:《宽严相济刑事政策在惩治电信网络诈骗犯罪中的科学运用——基于"两高一部"〈关于办理电信网络诈骗等刑事案件适用法律若干问题的意见〉的分析》,载《法律适用》2017 年第 9 期。

加多样化的手段和方式，检察机关在应对电信网络诈骗犯罪方面也会不断面临新形势和新考验，因此检察机关还需要从以下方面积极参与网络社会治理，为维护网络公共安全，营造良好网络空间贡献自身力量：一是对电信网络诈骗犯罪的发展趋势保持清醒认识，紧扣相关法律及司法解释，及时更新业务知识，积极应对新类型的诈骗形式，累积司法实践经验，借助个案抽丝剥茧，总结经验，提取具有可复制性的办案机制。二是联合公安机关开展打击和治理电信网络新型违法犯罪专项活动，构建检察机关和公安机关良性互动工作格局，在重点领域和关键环节始终保持对此类犯罪的高压态势。对于社会影响恶劣、受害面广、涉案数额高的大案、重案迅速应对，积极作为，逐渐形成相应的联动工作机制。重点打击冒充司法机关、针对在校学生、老人等特定对象的诈骗案件，有力震慑电信网络诈骗犯罪分子。三是准确把握和厘清电信网络诈骗案件的上下游犯罪，全面惩处关联犯罪。电信网络诈骗犯罪产业链的形成容易诱发非法获取公民个人信息、非法买卖银行卡、扰乱无线电管理秩序、洗钱等大量上下游关联犯罪，对公民的财产安全和个人信息安全造成极大的负面影响。因此检察机关在办理案件时应当准确区分整个案件中犯罪分子的分工及作用，分别定罪量刑，关注关联案件线索的发现，及时、全面、有效地惩治违法犯罪行为。四是要想从源头上治理电信网络诈骗犯罪，必须提高社会公众对此类犯罪的警惕意识和防范能力，检察机关应当突破就案办案的思维，在严厉打击电信网络诈骗犯罪的同时突出警示和预防作用，提高以案说法的能力。在办理电信网络诈骗案件后结合案件反映出的电信网络诈骗新种类、犯罪嫌疑人的诈骗手段以及被害人的心理等问题，将案件办理结果转化为对社会公众有提醒和防范作用的成果，充分借助报纸、互联网、新闻媒体等平台，从线下到线上对此类犯罪进行广泛的宣传，以多渠道普法和典型案例宣传相结合的方式提高公众的权利意识和法律意识，增强群众的反诈骗能力。

电信网络诈骗犯罪的作案手段日益科技化，形式越加多样化，检察机关在办理电信网络诈骗案件时应坚持依法惩处、全面惩处、准确惩处的原则，找准定位，在熟悉电信网络诈骗犯罪常见形式和作案规律的基础上累积司法实践经验，有效贯彻宽严相济的刑事司法政策，做到罪责刑相适应，梳理和研判电信网络诈骗案件的关联犯罪，斩断电信网络诈骗的利益链条，借助多种综合治理手段加大对电信网络诈骗犯罪的打击力度，遏制此类犯罪的滋生蔓延，多方共治形成惩防合力，切实维护广大人民群众的财产安全。

未成年人司法

完善未成年人检察工作一体化的理念与制度省思

李　川　丁紫瑶*

摘要:未成年人检察一体化的完善需要首先明确未检基本理念,在教育本位基础上补充国家亲权、恢复性司法和儿童利益最大化,形成完整理念体系。在明确理念基础上,未成年人检察工作一体化的完善需结合我国未成年人检察工作的已有基础,在机制和立法两方面着力完善,形成以保护处分为基础的相对独立的未成年人检察工作一体化制度。

关键词:未检一体化　少年司法　恢复性司法　保护处分

我国未成年人检察工作在长期实践过程中形成了"捕诉监防一体化"的有效机制,并且在未成年人刑事诉讼程序中注重转处分流,运用附条件不起诉、合适成年人等机制保护了未成年人权益、展开了对未成年人的教育矫正。然而,相对于当前世界主流的未成年人刑事诉讼和检察机制而言,未成年人检察工作还需进一步在一体化方面进行完善,在明确未检基本理念基础之上,借鉴成熟的先进域外未检经验,进一步完善未成年人检察一体化制度。

一、未检工作一体化的理论基础:少年司法的基本理念

未成年人检察一体化的基础是少年司法的基本理论。经过长期的综合未成年人成

---

* 李川,东南大学法学院教授,博士生导师;丁紫瑶,东南大学法学院硕士研究生。本文系最高人民检察院课题"预防与惩治侵害未成年人犯罪综合机制研究"(课题编号:GJ2019C28)的成果,同时也是团中央青少年发展研究课题"未成年人网络空间权益保护机制研究"的成果。

长教育特点与刑事司法机制的深入研究和独立实践,少年司法的基本理念已经相对达成共识,未成年人检察一体化正是基于这种统一理念的一体化,因此要想深入研究未检一体化,必须首先厘清作为其基础的少年司法基本理念原则。目前,我国未成年人刑事诉讼程序的规定中虽然强调了教育优先的基础原则,但教育优先只是教育本位这一种少年司法理念的反映,此外还有国家亲权、恢复性司法、儿童理念优先等诸种机制,都必须在未检一体化工作中加以考量。

1. 国家亲权理念

国家亲权理念最早起源于英国,发展到美国,逐渐被日本吸收,国家亲权理念将国家定位为“候补家长”,其基本内涵是认为国家是未成年人的最终监护人,国家有责任在父母不能、不宜或者无法为未成年人提供良好的成长环境时,根据儿童最大利益原则进行强制干预,接管父母亲权,承担其监护与教育责任。[①] 国家亲权理论是少年司法制度的理论基础,这一理论强调的是国家对未成年人保护享有高于家长监护权的责任与权力,在必要情况下,国家可以超越父母的亲权对未成年人进行强制性干预和保护,我国未成年人检察“捕诉监防一体化”将检察机关置于“国家监护人地位”,由其担当未成年人国家最高监护的角色,体现了国家亲权理念,放弃了传统上对犯罪未成年人的报应刑观念,树立教育、保护未成年人的观念。

2. 教育本位理念

与传统刑事司法惩罚性理念不同,少年司法对罪错少年进行保护性、福利性干预,追求对少年的恢复和矫正。惩罚性理念并没有考虑到少年犯罪的特殊成因,惩罚只能在一定期间内发挥效果且存在较大负面效应,不利于少年健康成长,就长期性而言,用合适的教育措施来代替刑法惩罚的理念是相当重要的。正如德国少年法学家彼得斯所说:“少年犯罪问题,并非在于追究少年以往所作所为,而为对待反应。乃在于探求何种措施,可帮助少年,克服其困难,循其要求,使其于社会上毫无障碍的,完成其企求之生活目的。引导之方略,应排除‘社会之谴责’、‘社会地位之低贱’以及‘社会价位之微细’,以教育思想代替刑罚之概念。”[②]2012 年 10 月,最高人民检察院颁布的《关于进一步加强未成年人刑事检察工作的决定》明确指出要“确保对涉罪未成年人的‘教育、感化、挽救’方针、‘教育为主、惩罚为辅’原则和‘两扩大、两减少’政策在刑事检察工作中有效落实”,“以是否有利于涉罪未成年人教育、感化、挽救为标准,慎重决定是否批捕、起诉、如何提量刑建议、是否开展诉讼监督”,将教育本位理念运用到少年检察工作之中。

3. 恢复性司法理念

恢复性司法强调及时化解矛盾,修复社会关系,注重少年与社会的双向保护,以广泛

---

① 参见高英东:《美国少年法院的变革与青少年犯罪控制》,载《河北法学》2014 年第 12 期。

② 参见西原春夫:《日本刑事法的重要问题》,金光旭等译,法律出版社 2000 年版,第 171 页。

运用调解制度为其重要特征。根据该理念，在办理未成年人刑事犯罪案件时，对可捕可不捕的，应当不捕，对可诉可不诉的，应当不诉。同时应该充分运用社会化帮教机制和有关社会职能部门力量，帮助违法未成年人重新恢复正常人格，顺利回归社会，能够被社会重新接纳而非排斥。① 检察机关在处理少年刑事案件时，追求少年最佳利益、被害人合法权益以及社会安宁之间的平衡，秉持恢复性司法理念，以此促进社会安全和涉罪少年最终回归社会。

4. 儿童利益最大化理念

联合国《儿童权利公约》（以下简称《公约》）确立了儿童利益最大化原则，《公约》第三条第一款最为典型地反映了这一原则，该条款规定："关于儿童的一切行动，不论是由公私社会福利机构、法院、行政当局或立法机构执行，均应以儿童的最大利益为一种首要考虑"，需要注意的是，《公约》将此处的儿童界定 18 岁以下的任何人。儿童利益最大化原则是"国家亲权理论"的延伸，是其基本价值取向，其内涵是鉴于未成年人年幼无知的现实，国家应提供有效的抚育、教导及矫正等措施对其进行纠偏的保护原则，《联合国少年司法最低限度标准规则》（又称《北京规则》）的条文也将保护少年的权益放在首位。例如，"进步的犯罪学认为，在成年人案件中和某些严重的少年违法案件中，可能会认为罪有应得和惩罚性处分有些好处，但在少年案件中必须一贯以维护少年的福祉和他们未来的前途为重"，我国《未成年人保护法》第三条②也是对国际公约中儿童利益最大化原则的转化。

二、我国未成年人检察的现状和有待发展之处

（一）我国未检制度发展现状

1. 形成了相应的法律规范体系，并配套了具体制度

目前，我国基本形成了以宪法为核心的未成年人专门性立法体系，涉及未成年人保护与未成年人刑事检察的专门性立法主要有 2007 年颁布、2012 年修正的《未成年人保护法》，1999 年颁布、2012 年修正的《预防未成年人犯罪法》以及《刑事诉讼法》专章规定的未成年人刑事案件诉讼程序；其他有关未成年人保护与刑事检察工作的规范主要见于一些法规、司法解释以及政策性、规范性文件中，主要有：最高人民法院于 2006 年 1 月发布的《关于审理未成年人刑事案件具体应用法律若干问题的解释》，最高人民检察院 2016 年 3 月发布的司法解释性质文件《关于加强未成年人检察工作专业化建设的意见》，2014 年发布的《关于进一步加强未成年人刑事检察工作的通知》，2013 年发布的《关于进一步

① 参见张鸿巍：《美国未成年人检察制度》，载《国家检察官学院学报》2011 年第 3 期。

② 《未成年人保护法》第三条第一款规定："未成年人享有生存权、发展权、受保护权、参与权等权利，国家根据未成年人身心发展特点给予特殊、优先保护，保障未成年人的合法权益不受侵犯。"

加强未成年人刑事检察工作的决定》等。在国际上也批准了联合国《儿童权利公约》等国际公约，同时积极参与有关国际性文件的制定，如在北京签署的《北京规则》。至此，我国形成了涵盖法律法规、规范性文件、司法解释与国际公约的完备的未成年人保护与检察工作法律体系。①

同时，在未成年人刑事检察具体制度上，成立了未成年人检察案件专门办理部门、规定有专人办理制度、强制辩护制度、社会调查制度、非羁押性强制措施的适用和分案处理制度、合适成年人到场制度以及未成年人附条件不起诉制度和犯罪记录封存制度。

2. 开展了大量未检工作试点，获得了丰富实践经验

近年来，我国各地检察机关纷纷成立未成年人刑事检察专门机构，在实践中逐步将未成年人案件刑事诉讼不同程序和阶段集中到一个部门，并赋予新的内容和特点。例如，徐州市鼓楼区人民检察院于 2007 年成立未成年人案件审控组，负责审查批捕、审查起诉、出庭公诉、诉讼监督及犯罪预防工作；浙江省杭州市萧山区人民检察院于 2010 年建立捕诉防一体的联动保护机制。② 2000 年北京市海淀区人民检察院公诉处对未成年人案件实行专人负责制度，同时在预防处设立未成年人犯罪预防工作。2007 年在该院公诉处设立未成年人检察组，实现未成年人公诉的独立化，并且推出了未成年人心理辅导、社会工作者和援助律师旁听制度。2010 年，该院挂牌成立了北京市第一个建制的少年检察处，统一负责未成年案件的审查批捕、审查起诉、犯罪预防、监所检察等工作。各地丰富的未检工作尝试促进我国未检理论与实践的进步，推进我国未检工作的走向成熟。③ 2018 年，最高人民检察院顶层设计的内设机构改革中，明确将未成年人检察部门作为独立的检察部，从而在体制上彻底奠定了未成年人检察的独立地位。特别值得一提的是，基于社会保护的理念，2018 年 2 月，最高人民检察院和共青团中央签署了《关于构建未成年人检察工作社会支持体系合作框架协议》，推动未检社会支持体系建设，目前正在有序推进。

3. 注意区分未检工作的特殊性，明确特殊理念

当前检察机关基本形成了专业办理未成年犯罪案件的工作队伍，对待未成年犯罪案件有专门性法律将其与成人犯罪案件在办理程序上加以区分，逐渐形成了教育本位的理念，坚持“教育为主、惩罚为辅”的未检工作理念，同时将“以不捕为原则，逮捕为例外”的做法与避免“交叉感染”和“标签效应”等方法融入未检案件的办理与未成年人犯罪预防中，逐渐在实践中总结了一系列处理未成年犯罪案件的特殊理念。

---

① 参见岳慧青：《司法改革背景下的未成年人检察体制改革》，载《青少年犯罪问题》2015 年第 1 期。

② 参见王振峰、席小华主编：《4 + 1 + N：社会管理创新语境下的少年检察工作》，中国检察出版社 2011 年版，第 159 页。

③ 参见徐悦、向鸣霞：《司法改革语境下未成年人刑事检察一体化模式研究》，载《法制博览》2016 年第 29 期。

(二)我国未检制度的有待发展之处

我国的少年司法起步较晚,经过 20 余年的实践,有了长足的进步。少年司法从无到有,少年司法机构逐渐专业化,少年司法制度日趋完善,尤其是最高人民法院、最高人民检察院近年来有关办理未成年人刑事案件的相关文件进一步明确了司法机关办理未成年人刑事案件的相关程序以及未检工作应当坚持的理念,各地相关的试点工作也为今后未成年人检察工作探索了方向。在上述背景下,我国具体的未成年人检察制度在实践上也面临以下问题:

1. 未成年人立法分散且可操作性不强

尽管近年来我国对未成年人犯罪问题非常重视,先后颁布了一系列关于未成年人保护与未成年人犯罪处理的法律法规及司法解释、政策性文件,但是我国在少年司法方面的文件过于分散,没有一个系统的体系,且大量条款并不具有可操作性,仅仅起到宣传与呼吁作用。目前国外针对未成年人主要有两部核心法律:一是以明确国家在未成年人保护与福利方面职责与措施的儿童福利性质法,二是通过少年司法干预未成年人过错的司法性质法。我国《未成年人保护法》与《预防未成年人犯罪法》均不属于两种类型法律,立法思路模糊,《未成年人保护法》规定,根据未成年人的成长需要,建立包括家庭、学校、社会、司法保护的保护机制,但这种机制在实践上无法阻止类似南京饿死女童案等悲剧性案件的发生,且预防未成年人犯罪的教育一章基本都属于倡导性规定,并不具有强制性或难以具有强制性。[①] 作为高位阶的《预防未成年人犯罪法》在法条中多有倡议性条款,更不用说其他低位阶文件的不可操作性了。相对于少年司法发达的国家设立专门少年司法立法的做法,我国还欠缺独立的、符合少年司法规律的少年司法法律体系。

2. 未成年人检察理念与实践有待深化

我国虽在一定程度上遵循了国际上认可的未成年人检察理念,如教育本位理念,也在部分机制中体现着恢复性司法理念,局部体现着"儿童利益最大化原则",但是与国际上通行已久的理念相比,我国在理论上尚处于学习的初步阶段,对理论研究不够深入,一些比较成熟的制度并未纳入其中,如"司法转处"与"司法分流制度",日本与美国虽践行不同的司法制度,但同样采用"双轨制",而我国在处理未成年人案件时始终通过刑事司法来解决,采用的是"单轨制",少年法庭在一定程度上体现了对待未成年人专门化处理的程序,但对待未成年人犯罪仍旧是偏刑事司法,而非保护性司法。"双轨制"的好处在于对未成年人案件诉前进行分析与评价,大部分案件可以转入专门法院保护性"听证",有利于避免对未成年人的"标签化",且保护性司法与普通刑事司法可以通过"司法转处"与"司法分流"进行融通,形成"宽容但不溺爱"的未成年人司法体制。我国"单轨制"司法模式依附于刑事司法体系,虽然也可以实现司法转处(如社区矫正制度)制度,但不能

---

① 参见姚建龙:《论〈预防未成年人犯罪法〉的修订》,载《法学评论》2014 年第 5 期。

实现完全的儿童利益最大化，使这两项制度不能完全发挥作用。[①] 这是体现我国对国外先进理念与制度学习与关注度不够的一方面。另一方面，日本与美国的少年司法制度在历史发展过程中呈现动态调整的趋势，表现出国外对未成年人的司法在具体历史背景下采用较为合适的法律政策，符合历史发展规律，而我国法律制度的“软硬取向”基本不变，侧面反映出对青少年犯罪率的发展变化关注度不够。

另外，目前，我国在少年观护方面的制度主要有社会调查制度、涉罪未成年人社会帮教观护体系、附条件不起诉的监督考察、社区矫正制度。我国在少年观护制度上取得了较大进步但仍存在改进的空间，如在社会调查制度的是否必经性以及社会调查范围上，与法治发达国家规定均存在明显差距。[②]

3. 未成年人检察工作一体化机制研究不够

2012 年最高人民检察院《关于进一步加强未成年人刑事检察工作的决定》明确规定：“设立未成年人刑事检察独立机构的检察院，一般应实行捕、诉、监（法律监督）、防（犯罪预防）一体化工作模式，由同一承办人负责同一案件的批捕、起诉、诉讼监督和预防帮教等工作。”目前我国对于未成年人检察工作一体化的研究文献相对较少，这一领域的研究还多属原则性借鉴和局部制度分析，缺乏对一体化的体系性完整探讨，且没有相配套制度支撑，各地对于该模式还处于在实践中探索的阶段。[③] 另外，由于我国少年司法改革实践中多采用先试点后推广的模式，各地司法理念与实践呈现多元化的特征，这种自下而上的探索模式使如何将目前的法律践行到各地未成年人权益保护工作中，保证少年司法工作规范化、有序化成为检察工作中亟待解决的问题。

三、未成年人检察工作一体化的对策

（一）深化未成年人检察工作机制的理论研究

如前文所言，我国在未成年人检察理念上还处于初步探索的阶段，一些国际上较为先进的理念还未引入，为了促进未成年人检察工作的一体化，必须融入国际上较为先进的理念，以期在此基础上进行新的制度实践。其中最主要的是遵循“儿童最大化利益”原则，一是要尊重未成年人的特殊主体人格，对未成年人进行个别化处理；二是要注重未成年人利益优先，社会利益应当让位于未成年人利益；三是考量未成年人行为与处遇相称，宽容的同时避免溺爱。在未成年人检察工作一体化的四个模块中，在审查逮捕与审查起诉阶段尤其要注重司法转处理念以及恢复性司法理念的运用，善于运用和解、调解制度与附条件不起诉制度；在法律监督方面，检察机关应当根据未成年人利益优先原则关注

---

① 参见苗生明、程晓璐：《中国未成年人刑事检察政策》，载《国家检察官学院学报》2014 年第 6 期。

② 参见莫洪宪、邓小俊：《试论社会调查制度在检察机关办理未成年人刑事案件中的运用》，载《青少年犯罪问题》2010 年第 1 期。

③ 参见余才忠、房佳菊、桑涛：《少年司法规律与检察改革研究》，载《法学杂志》2010 年第 12 期。

未成年人人格与心理的特殊性，在案件审理中更加注重保护未成年人合法权益；在未成年人犯罪预防方面，应当对未成年人犯罪预防进行区分，在一般预防、虞犯预防以及犯罪预防方面，根据未成年人个别化特点对其犯罪成因进行分析，实施个别化心理疏导与教育。另外，学界还应当着重探讨我国少年司法“单轨制”的合理性以及弊端，就是否应当采用国外“双轨制”司法模式提出观点与论证，以期推动我国少年司法模式的进步。

(二)建立以检察机关为主导的未成年人司法转处与分流制度

司法转处制度是针对未成年人犯罪的特殊处遇制度，其核心在于对未成年人的福利性保护，[①]我国当前的附条件不起诉制度吸收了司法转处制度的理念，但在少年司法中偏向于刑事处遇，司法转处中很多有益的制度没有得到借鉴，如有条件地、最大限度地适用非监禁措施等，我国目前采取的模式不利于未成年人的保护与回归社会，因此，应当贯彻司法转处的制度，使未成年人最大限度地免受刑事诉讼过程中的负面影响，实现良好的社会效果和法律效果。具体而言，首先，应当加强立法，明确公安机关、检察机关、审判机关进行未成年人司法转处的职权，将未成年人司法转处规定为在处理未成年人犯罪案件时的必经程序，让未成年人司法转处制度有法可依；其次，应当适当扩大附条件不起诉的范围，附条件不起诉制度仅适用于刑法分则第四、五、六章的可能判处有期徒刑一年以下刑罚罪名，由于未成年人犯罪案件的特殊性，附条件不起诉制度显得范围有限；最后，要进一步明确检察机关在未成年人司法转处中的监督职责和监督程序，从立法上确认检察机关对公安机关、审判机关甚至帮教组织的法律监督职责，一方面加强检察机关在司法转处中的参与作用，另一方面从法律监督的层面保证未成年人司法转处制度的有效实现。

司法分流是避免司法转处制度在处遇未成年人案件时的纵容弊端的制度，对待未成年人犯罪，在强调区别对待的同时不能摒弃司法的正当程序性，因此，对于必须受到刑事处罚的未成年人犯罪案件而言就应当采取刑事审判，要兼顾司法转处制度的保护性与未成年人恶劣犯罪的可罚性。

(三)完善未成年人刑事案件公诉制度

新一轮司法改革中强调“以审判为中心”，但在少年司法中检察机关应当具有重要地位和职权，尤其在“捕诉监防”一体化检察工作中更强调未成年人检察工作的专门性与独立性，而且在检察机关对刑事案件进行司法转处后，法院的审判工作减少，转处后的未成年人更需要检察机关的参与。因此，应当明确未成年人司法中检察机关的中心地位。在具体公诉制度的完善中，应当改变传统的庭审模式，如引入圆桌审判制度、庭审教育制度等；深化合适成年人到场制度，确保每次均有合适成年人到场，对庭审过程进行监督，保护未成年人合法权益；引入社会观护员制度，由社会第三方在庭前进行社会调查、庭中宣

① 参见郭静晃、曾华源：《少年司法转向制度之因应》，台北洪叶文化事业有限公司 2000 年版，第 19 页。

读社会调查报告并接受质证，[①]实现资源整合，全过程、全方位保护未成年人合法权益，采用科学化、个别化、社会化的处遇方式对涉罪少年实施教育、挽救、感化，使其早日回归社会。

（四）明确以保护处分机制整合未成年人检察体系

对未成年人的保护处分机制，是指对于实施了严重不良行为或违法的行为，但因年龄、情节或程序转处分流等法定原因，没有被追究司法责任或刑事责任的未成年人，由司法部门、相关职能部门和社会组织等进行社会化帮教和必要的强制性矫治机制。[②] 保护处分与强调维安的保安处分存在明显不同，保护处分是体现国家亲权责任，基于儿童福利最大化原则，贯彻恢复性司法和充分教育矫治的理念，解决当前不诉或不罚未成年人教育矫治的空白问题，充分运用社会化机制和社会力量，有效衔接整合少年司法体系而提出的具有独立性和独特性的少年司法专门机制。[③] 未成年人检察一体化的设置应充分尊重这种科学机制，以保护处分为原则串联未成年人检察的捕诉监防工作，使其成为一体化的真正基础。在保护处分机制的整合下，未成年人检察的捕诉监防自然都具有了不同于成年人刑事诉讼机制的特殊性，每个阶段都必须同时考虑儿童利益最大化和教育矫治目的是否能够有效实现，以此为出发点设置相应的帮教措施和矫治机制，并注重各个阶段保护处分机制的有效衔接和延续，使一体化真正有所着力，填补转处分流后可能出现的不罚不教的漏洞，实现未成年人检察机制的真正整合。

① 参见温雅璐：《台湾地区少年观护制度简析与借鉴》，华东政法大学 2015 年硕士学位论文。

② 参见姚建龙、储国樑、张卫东、田相夏：《未成年人检察制度的发展与完善》，载《人民检察》2014 年第 21 期。

③ 参见姚建龙：《少年法院试点对未检制度的影响——以上海市检察实践为例》，载《法学》2010 年第 1 期。

论未成年人罪错行为分级干预体系的构建规划

吴高飞　张德沐*

摘要:随着当前司法改革的进程,未成年人罪错行为分类干预体系逐步纳入人们的视野,最高人民检察院的《2018~2022年检察改革工作规划》也提出了与之相关的工作规划,所以对该体系的构建应当有一个较为全面和明确的认识。未成年人罪错行为分类干预体系自始至终都应是一个开放的体系,这样才能在制度设计和具体运行层面不断完善。对于该体系之构建,首先要确立明确的原则,在构建框架上既要从规范层面、人格层面、综合层面等角度对该体系进行有深度、实用性的构思,又要从未成年人之外的相关因素进行相辅相成、相反相成的完善。

关键词:未成年人　规范层面　人格层面　司法人员素养

未成年人罪错行为分级干预体系的建设,不管从政策学、现象学以及规范学着手,还是从身边具体的责任部门、家庭等现实因素出发,都涉及诸多纷繁复杂的原理、机制和方法,让人难以全面把握。笔者拟从以下几个方面,对未成年人罪错行为分级干预体系进行框架性的设计构建,希望能够为《预防未成年人犯罪法》的进一步修改与完善起到抛砖引玉的作用。

一、规范层面的体系

所谓规范层面的体系,主要是指立法就未成年人罪错行为分级干预有机衔接、彼此呼应的法律法规和规章制度体系。联系当前的立法,主要有《未成年人保护法》和《预防未成年人犯罪法》两部专门性立法,除此之外还有诸多散见于刑法、民法、行政法等实体法以及刑事诉讼法、民事诉讼法等程序法中的有关未成年人的相关规定。在该类体系的

* 吴高飞,江苏省如东县人民检察院第六检察部检察员;张德沐,苏州大学王健法学院刑法学硕士研究生。

构建上,如图 1 所示:

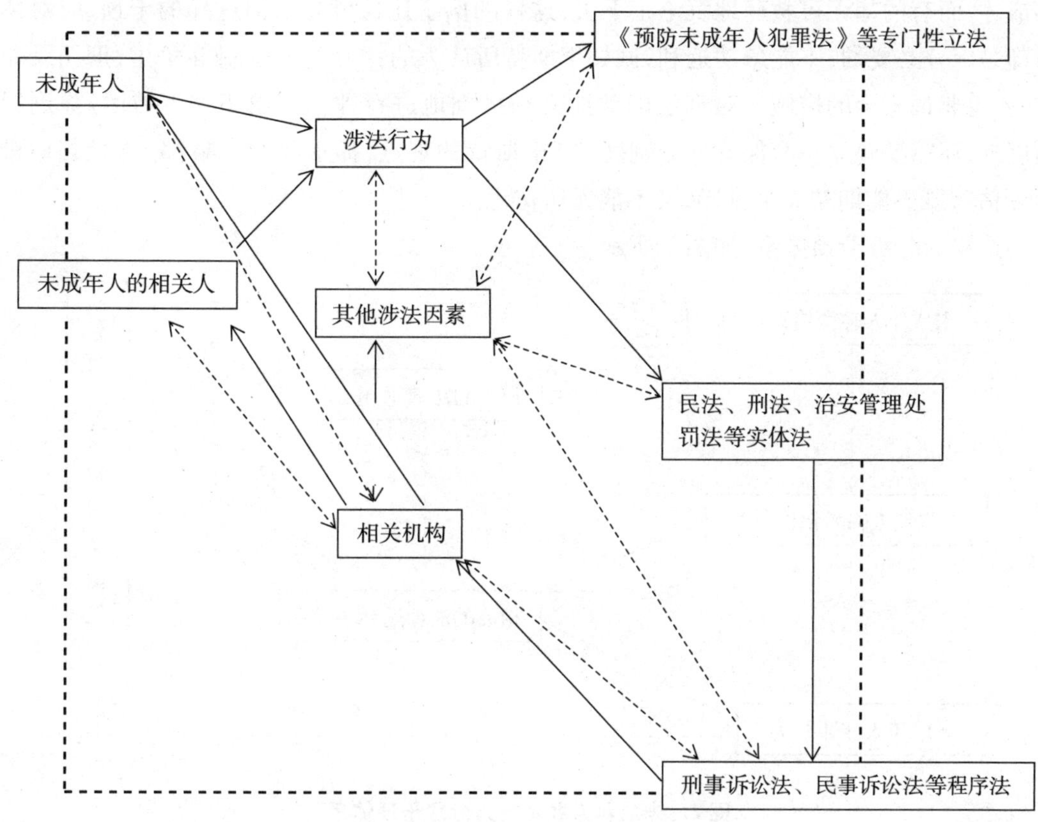

图 1　规范层面的体系

对图示的简要说明:未成年人(还包括某些情况下的未成年人的相关人,如法定监护人等)通过涉法行为和其他涉法因素与《预防未成年人犯罪法》《未成年人保护法》等专门性立法产生关联,在满足特定条件下,也与民法、刑法等实体法产生关联,这时候往往又会运用到刑事诉讼法、民事诉讼法等程序法关于未成年人的特定程序。以上法律规定如何作用到未成年人?相关机构比如学校、村委会等社区居民组织,还有某些情况下介入的司法机关等,如何保障法律的具体实施?

如何从以上规范层面具体构建未成年人罪错行为分级干预体系呢?笔者提纲挈领地提出以下几点:一是在各部门法之间要实现合理衔接。比如,作为司法机关来说就需要将以上各部门法中涉及未成年人罪错行为的规范予以专门搜集、整理和归类。在全面掌握现实立法的情况下,根据实际需要整理出一套合理的法律衔接体系。二是立足当前法律的规定,根据未成年人罪错行为的严重程度,进行从轻到重的分级。这样的分级可以根据《侵权责任法》《治安管理处罚法》《刑法》等予以专门性的细化。三是在科学分级的前提下,设置相应的干预、应对体系。不过,如果真要建立一套较为完整并摆脱形式主义的干预、应对体系,所需要的社会成本将十分可观,也不一定会有立竿见影的效果。就好比在某个有着完善、良好的家庭、学校教育的青少年兄弟姐妹家庭当中,有的青少年能够成才,而有的却无可救药地沉沦了下去,这样的例子比比皆是。但这样的干预、应对体系却是十分必要的,不能急功近利,诚如李斯特所认为的:“在与犯罪做斗争中,刑罚既非唯一,也非最安全的措施。对刑法的效能必须批判地进行评估。出于这一原因,除刑罚制度外,还需要建立一套保安处分制度。”①李斯特的观点,提示我们凡事都要“批判地进行评估”,既不能期望立竿见影,又不能无所作为。

这样的分级干预体系,如图 2 所示:

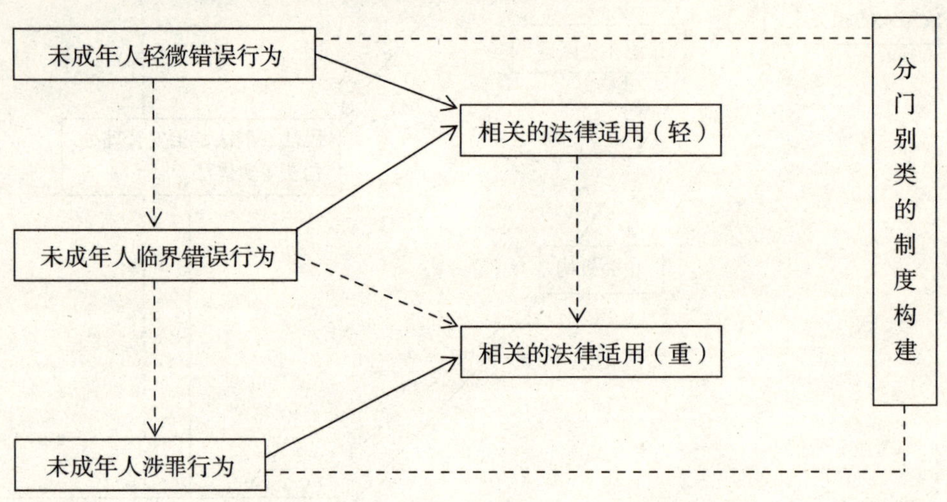

图 2 未成年人罪错行为分级干预体系

对图示的简要说明:未成年人轻微错误行为(包括一般性违法、违反公德以及所在学校的规章制度等),适用较为轻缓的干预措施。如果未成年人(达到刑事责任年龄)实施了临界错误行为(非常接近犯罪的错误行为,如果依照较为严厉的刑事政策,往往定性为犯罪),首先要选择适用打击力度较轻的法律,重在教育、挽救,在某些特殊的情况下,才适用刑法、行政处罚法等打击力度较重的法律。如果未成年人(达到刑事责任年龄)实施了犯罪行为,应当适用刑罚处罚的,也要根据具体情况和相应的量刑指导意见,在强制措施的适用、刑罚处罚方面采取更有利于未成年人成长的做法。在此过程中,还需要纳入未成年人的年龄因素、成长环境因素、教育环境因素和行为恶劣程度等影响因素,折合成相应的换算比例,综合确定最终的刑罚。对此,笔者拟粗略提出以下公式:未成年人最终适用的刑罚 = 成年人适用的刑罚 ×(1 - 年龄因素占比 - 成长环境因素占比 - 教育环境因素占比 - 行为性质占比),但所谓的“占比”要源于客观的采样工作和统计学依据,予以合理确定,在最终确定的刑罚数字上还要设定上限和下限,从而实现定性和定量的结合,促进未成年人罪错行为分类体系价值的充分发挥。

① [德]冯·李斯特:《论犯罪、刑罚与刑事政策》,徐久生译,北京大学出版社 2016 年版,第 7 页。

就未成年人罪错行为的分级标准和法律适用而言,笔者认为,未成年人的轻微错误行为和涉罪行为之间相对容易区分,而在对未成年人的临界错误行为的判断上,由于事物的边界是模糊的,就更加需要缜密思考。首先要解决的是行为性质的分级标准问题。尽管可以根据未成年人罪错行为所触犯的法律和禁止性规定的类别来对相应的行为定性和分级,但却无法显示出该"分级"制度的独立性和优越性。其次,确定相应的法律适用分级的依据判断。如果说类似违反《治安管理处罚法》的行为适用该《治安管理处罚法》,而触犯《刑法》的行为就适用《刑法》,那问题又回到了原点:缺乏该制度特有的独立性和优越性,只是换个说法而已。因此,笔者拟在行为分级标准和法律适用标准方面做如下设计:

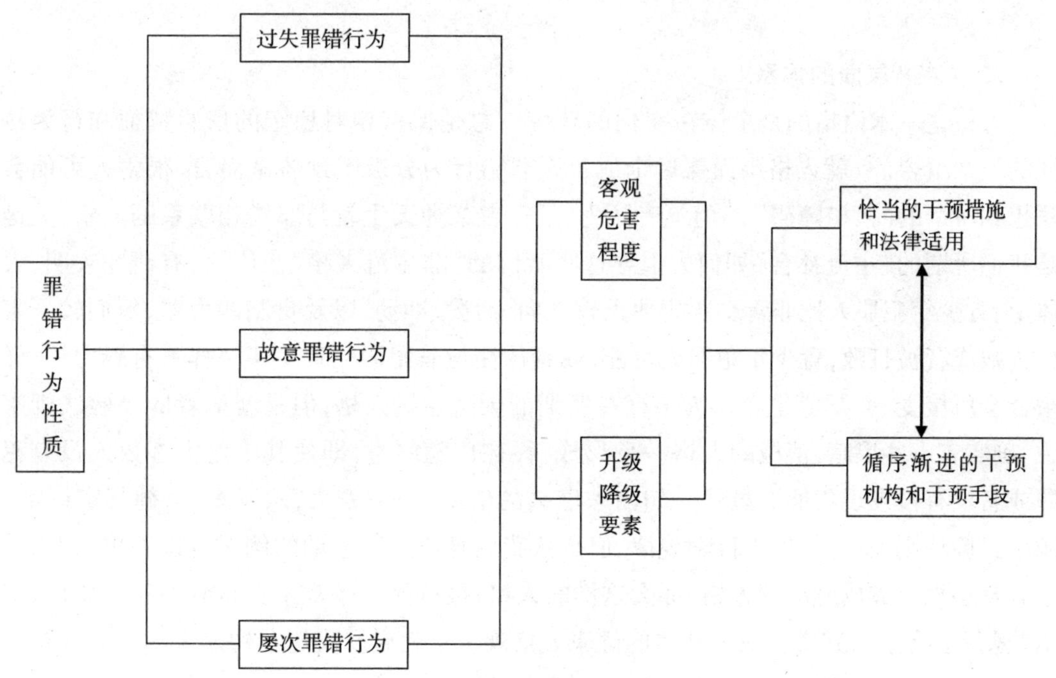

图3　行为分级标准和法律适用标准

对图示的简要说明:在未成年人罪错行为的分级标准方面,首先可以根据其主观要素分为过失罪错行为和故意罪错行为。如果由不可抗力或者意外事件等引发的未成年人"罪错"行为,本质上虽然不应当定性为罪错行为,但是不意味着责任的绝对免除,由于篇幅所限,不对这种情况进行探讨。此外,由于"屡次罪错行为"意味着曾经干预手段的失败或收效甚微,有必要单列出来予以探讨,在罪错行为分级上要比初次的罪错行为加重。基于当前流行的未成年人心智成熟程度不高导致判断力、自制力受限的观点,对其"注意义务"的要求不可严苛,所以,尽管某些过失犯罪的刑罚要重于某些故意犯罪的刑罚,但未成年人过失罪错行为在分级上还是要轻于故意罪错行为。在以上分级的基础上,再结合罪错行为的具体危害程度,和其他升级、降级要素,确定恰当的干预措施和法律适用。在干预机构和干预手段的选择上要贯彻“强制措施谦抑性原则”“不得已提交审判原则”等未成年人司法保护的几大原则，体现未成年人权益保护的最大化。在罪错行为量化分级方面，笔者试提出以下基础公式：罪错行为级别 = 行为性质的初始级别认定（如可以根据行为的恶劣程度指定一套罪错行为初始分级表，结合具体罪错行为对照该表确定初始级别，类似“量刑指导意见”）×［主观过错占比 + 罪错行为重复率占比 + 客观危害程度占比 + 其他升降级要素占比（可以是负数）］，从而认定罪错行为级别。在级别认定基础上，在选择对应的干预机构和干预方法，比如心理辅导、休学、接受特定矫治教育、适用刑罚措施等。至于所谓的“工读学校”之类的制度，就现状而言，需要进行很大的改革，限于篇幅，笔者不予细述。

二、人格①层面的体系

人格这一术语指的是个体在变化的环境中总是保持相对稳定的情感特征和行为特征的复杂组合。② 就人格层面探讨未成年人罪错行为分级干预体系而言，很多人可能会联想到所谓的“人格障碍”，③但笔者认为，不存在某种天生就与罪错相联系的人格，关键是我们所谓的“主流社会”如何去引导这些所谓的“非主流人格”。因为，有研究表明，大体上，青少年犯罪人比非青少年犯罪人较外向、活泼、冲动，以及自制能力差，他们较不害怕失败或者被打败，青少年犯罪人可能，或者往往与非犯罪的青少年一样具有魅力，一样被社会所接受。④ 尽管笔者认为不存在所谓的天生罪错人格，但是就笔者的经验法则来说，确实有一些黑暗、消极的人格一旦形成，往往伴随终身，即使其中绝大多数人没有犯罪或者没有被发现犯罪。虽然一句由来已久的俗语“三岁看大，六岁看老，德行定终生”源于经验法则，不能等价于科学规律，但是从我们身边无数生动的例子可以看出，如果一个人从小没有养成健康的人格，那么这样的人格，很可能一生都不会得到纠正。所以，俗语“德行定终生”，其实反映了朴素的健康人格观。这就启发我们在构建未成年人罪错行为分级体系时，应当将健康人格培养作为重要目标。

然而，鉴于人格分析层面的复杂性，笔者抛砖引玉，仅从人格的“塑造”和“纠正”两方面出发，拟初步提出如下的分级干预体系构建：

---

① 这里“人格”一词，是基于心理学和犯罪学领域的定义，有别于民法等法律上的定义。

② 参见［美］乔治·B. 沃尔德等：《理论犯罪学》，方鹏译，中国政法大学出版社 2005 年版，第 86 页。

③ 根据［美］劳伦·B. 阿洛伊等：《变态心理学》，汤震宇等译，上海社会科学出版社 2005 年版，第 11 章，将人格障碍分为偏执型人格障碍、反社会型人格障碍、回避型人格障碍等十种人格障碍。

④ 参见［美］乔治·B. 沃尔德等：《理论犯罪学》，方鹏译，中国政法大学出版社 2005 年版，第 87 页。

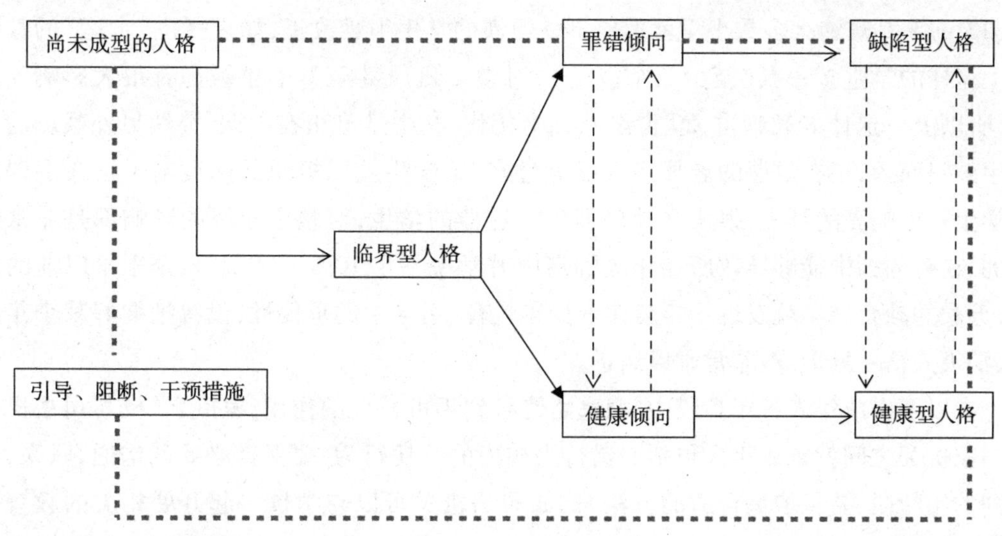

图4 人格层面的体系

对图示的简要说明:未成年人,尤其是未达到刑事责任年龄的未成年人绝大多数还没有形成稳定的人格(当然,也有根据生物学、遗传学层面的研究数据,某些人格的形成受遗传基因的影响很大,这种情况往往在婴幼儿时代就有苗头,而且很难改变,比如国外很早就有对同卵孪生子的长期跟踪研究,发现不管是不同家庭抚养还是同一家庭抚养,同卵孪生子的人格都有很大的相似性),随着年龄的增长和与周围环境的不断互动,未成年人逐渐形成某种人格雏形,即临界型人格。这样的临界型人格,具有不稳定性,如果引导、干预得当,会向健康型人格发展,如果引导、干预不当,会向缺陷型人格发展。当然,以上人格层面体系,还考虑到了某些特殊情况,比如在具备某些条件的时候,罪错倾向和健康倾向,罪错型人格和健康型人格可以相互转变。这就需要在人格层面的分级干预体系之中,还要考虑到这样的特殊情况。

在以上人格层面的体系中,尤其要注重一个重要的因素,就是未成年人的年龄。就个人经历来说,笔者接触过多位老教师(均有数十年的教学经历,现均已退休),比如有一于姓教师,先教幼儿园,后教小学;有一吴姓教师,先教初中,后教小学;另一吴姓教师,先教小学,后教幼儿园,综合他们的切身体会,发现幼儿园的学龄前儿童,绝大多数情况下很容易听老师的话,所谓的“主见”几乎不存在,尽管存在具有攻击或“偷盗”行为的儿童,但远没有形成固定的行为惯性,而且绝大多数可以很容易改正。小学一、二年级(7~8岁)差不多也是如此,等到了小学三、四年级(9~10岁),所谓的“乱班”开始形成,班上开始出现较为固定的“不安定”学生,这时候如果班主任等任课教师缺乏有效的应对措施,班级就会形成“从众”趋势,所谓的“乱班”就会越来越成型,到了五、六年级(11~12岁),对于这样的“乱班”,少有教师愿接,因为难以管理:早恋的,每到考试“纸条”满天飞的,上课吹泡泡糖的,甚至打老师的等,每届花样均“同中有异”“异中有同”。等到了初中(13~15 岁),绝大多数小学就形成不良习惯的学生很难改正,如果哪位“走运”的教师班上这样的学生多一点(至少三个以上),对整个班风甚至整个年级都有很大影响。比如,听以上一退休老教师讲,20 世纪八九十年代,初中某班正在上课,突然另外某班的一学生破门而入,正在讲课的老师还没反应过来,该学生就以极快的速度扇了正在上课的某学生一记响亮的耳光,很快又摔门而去。这样的学生,对整个年级的影响都是非常消极的,在有的初中能够导致所在年级的高中升学率不足 10%。其实,根据很早以前的资料,苏联的教育家早就发现了年龄在青少年教育、引导中的重要性,没有把握好某个年龄段,消极人格一旦形成,非常难以纠正。

在以上未成年人各年龄段中,家庭始终起到不可替代的作用,家庭、学校与司法机关等国家机关之间就未成年人包括罪错行为在内的一切行为,要保持必要的沟通、联系,在不同的年龄段,要采取最合适的方法,比如司法机关可以与学校一起开展相关的教育工作,及时纠偏。对于关键年龄段,比如一般在 11 岁到 12 岁的小学中年级阶段,尤其要注重打下良好人格的教育基础,发现不良苗头,要有效纠正。

三、未成年人之外的相关因素分级干预体系

目前所见的未成年人罪错行为分级干预体系往往着眼于未成年人的年龄、未成年人罪错行为的恶劣程度以及未成年人应对措施的种种分级适用等,这固然是十分必要和理由充分的,因为类似的倡议早就存在,比如 1958 年 8 月 25 日至 30 日,在瑞典首都斯德哥尔摩举行了第五届国际社会防卫大会,讨论了对儿童和社会适应不良的青少年进行行政干预和法庭干预的问题。具体问题有:社会适应不良青少年的发展阶段;建立保护少年的社会机构;选择适用于少年标准的手段和标准。[①] 但是,随着近年来网络曝光的一起起中小学教师性侵学生事件(其实这在以前也存在,只是受当时的传媒手段所限,无法做到类似互联网时代的广泛传播而已),让人不由得对学校,甚至之前被视为未成年人“呵护者”“引导者”的机构、行业产生必要的合理怀疑。如果未成年人很不幸地遇到“枉为人师”或“枉为父母”之类的人,会怎样呢?比如,有研究表明农民工的小孩、父母双方服刑的小孩、被父母遗弃的小孩中有些是隔代监护,有的是委托亲友监护,这些监护模式下儿童的越轨行为比正常家庭高出 30% 以上。[②] 再如,就在校生罪错行为来说,案发率高的往往是一些管理不科学、教师不尽职的学校。

因此,为了进一步完善未成年人罪错行为分级干预体系,避免落入惯性思维的窠臼,笔者拟初步从未成年人之外的相关因素构建相应的分级干预体系,如下图所示:

---

① 参见吴宗宪:《西方犯罪学史:第四卷》,中国人民公安大学出版社 2010 年版,第 1392 页。

② 参见张昌荣:《论青春期未成年人越轨行为预防》,载《福建警察学院学报》2010 年第 6 期。

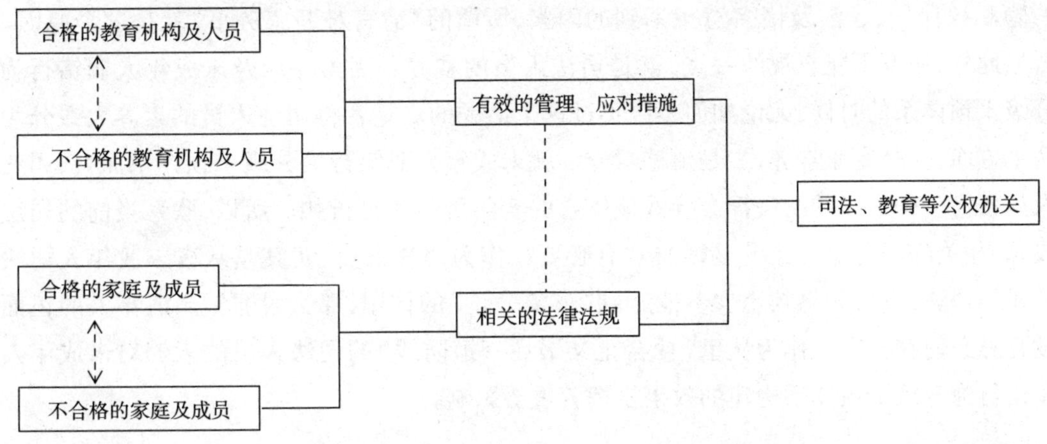

图5 未成年人之外的相关因素分级干预体系

对图示的简要说明:为了方便表述,笔者仅列出几个有限的元素组成以上简图,进行概括性的阐释。合格的教育机构及人员与不合格的教育机构及人员之间在满足一定条件的前提下可以互相转化,合格的家庭及成员与不合格的家庭及成员也是如此。这时候,国家司法机关、教育机关等公权机关要遵循相应的法律法规,制定有效的管理、应对措施。在此过程中,必然要涉及合格或不合格的教育机构,合格或不合格的家庭及成员的判断和分类,以及对从事未成年人罪错行为干涉、纠正的国家工作人员(当然包括司法人员在内)同样也需要设立必要的职业门槛。

因此,笔者拟提出以下构想:(1)对于教育机构及人员是否合格的分级干预,可以从学校、家庭联系紧密程度、校内秩序、校内人际关系等制定较为详细的定量判断因素,而后再进行相应的应对。对于教职员工,同样也要进行心理测试、人格分析,有针对性地进行分级干预以期纠正不良倾向,对于不合格的教职员工,要考虑转岗。这将运用到诸如统计学、心理学、社会学等学科的方法。[①] 此外,还可以参考域外经验,比如在美国社区教育 80 多年的发展历程中,存在休闲娱乐与救治犯罪、社区学校与社区教育、社区教育与社区发展、社会资助与政府资助、工作网络与研究网络、理论发展与人才培育六个方面的关系和问题,[②]这些都可以批判地借鉴。(2)对于家庭及成员是否合格的分级干预,可以从家庭基本情况、父母基本情况、父母教养方式等方面进行定量和定性分析,而后再进行相应的应对。但是这会存在不小的难度,首先家庭在很大程度上可以定性为私人空间,作为外人,往往只能看到表面现象。如果要深入、全面地形成有价值的材料,将会遇到很大的阻力。因为即使从不带任何不良企图的社会调查等科研目的出发,绝大多数家庭也不会做到对调查、采样人员完全透明,因为这既涉及伦理道德,又涉及法律上

① 参见赵军:《未成年人犯罪相关因素定量研究》,人民日报出版社 2017 年版,第 51 ~97 页。

② 参见张永:《美国社区教育发展的六个议题》,载《终身教育研究》2017 年第 1 期。

的隐私权保护，还涉及诸多意想不到的因素，所谓的“清官难断家务事”就是这个原因。

此外，还有不能忽视的一点，就是司法人员的素养。因为在谈及未成年人罪错行为分级干预体系的时候，无论如何是绕不过这个话题的。笔者将司法人员的素养大致分为两个方面：一是专业素养，二是道德素养。就未成年人罪错行为分级干预体系而言，司法人员任何一种素养的缺失都会导致该体系的实际价值大打折扣。所以，联系当前的司法改革，相关的职业道德建设显得非常有必要。作为司法人员，尤其是从事未成年人司法工作的司法人员，如果其至少不能起到“形象公正”的作用，那么对罪错未成年人的正面教育意义何在？所以作为从事“社会正义最后一道防线”的司法人员的素养对未成年人罪错行为分级干预体系构建的效果发挥着重要影响。

调查报告

集资犯罪风险的防范与化解

——以苏州市 Y 区为样本的分析

王　军　王　洁　柳　莹*

作为中新合作的国家开发区，苏州市 Y 区的区域金融中心高地地位已基本形成，确保金融生态环境健康稳定、发挥金融服务实体和创新推动的作用，是当前和今后一段时期 Y 区金融工作的重要任务。作为危害金融安全的极端行为，集资犯罪①对经济社会发展造成了严重的负面影响。对 Y 区集资犯罪的分析研判，无论对于有效惩治集资犯罪、防控金融风险，还是对于平衡保护金融市场创新和维护金融安全的双重目标，均具有重要的现实意义。我们以 Y 区检察院自 2015 年至 2017 年审查办理的 Y 区集资犯罪案件为分析样本，并结合相关政策，对该类型案件加以分析和展望。

一、情况及特点：作为危害金融安全极端行为的集资犯罪

通过对苏州市 Y 区院 2015 年以来审查的涉众型集资犯罪案件及数据的分析（见图 1），基本特点是：涉及投资者人数之多、非法集资规模之大、犯罪膨胀速度之快，均是 Y 区成立来所罕见的。

---

* 王军，江苏省苏州市苏州工业园区人民检察院第二检察部副主任；王洁，江苏省苏州市苏州工业园区人民检察院第二检察部检察官助理；柳莹，江苏省苏州市苏州工业园区人民检察院第五检察部检察官助理。

① 本文中的涉众型金融犯罪案件，是指我国《刑法》第三章第四节规定的涉及不特定人的破坏金融管理秩序犯罪、第五节的金融诈骗犯罪。

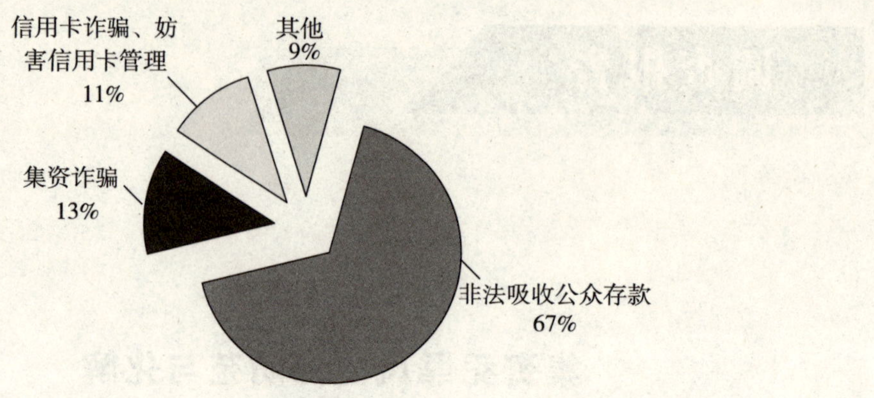

图 1 涉众型犯罪案件类型比例

(一)发案的井喷与高位

非法集资类案件高位攀升,大案要案频发。一方面,非法集资类案件犯罪数量激增,特别是非法吸收公众存款犯罪呈几何倍数增长。Y 区检察院 2015 年受理非法吸收公众存款案件 2 件;2016 年受理非法吸收公众存款案件 6 件,集资诈骗案件 2 件;2017 年受理非法吸收公众存款案件 9 件,集资诈骗案件 2 件。非法吸收公众存款案件年增长率分别为 200% 和 50%,其增长速率值得关注。另一方面,在数量高位攀升的同时,非法集资重大案件频发,数以千计的社会集资者卷入其中(见图 2)。特别是以高扬国际、融业财富、钰诚融泰(北京)商务咨询有限公司苏州公司 e 租宝等案件为代表的重大非法集资案件,涉及集资人数均超过或接近千人。

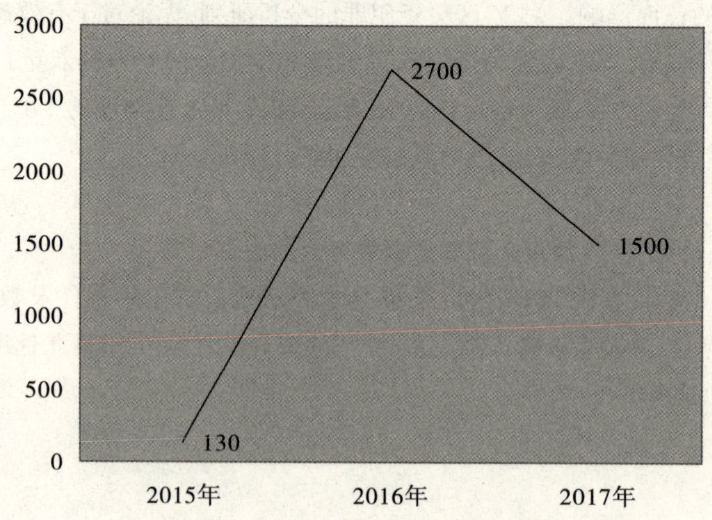

图 2 涉众型犯罪案件被害人数统计

(二)涉案金额和经济损失的巨大

从 2015 年至 2017 年 Y 区检察院受理审查的涉众型集资犯罪案件分析来看,无论是涉案非法集资数额,还是造成损失的数额,往往特别巨大(见图3)。其中,涉案金额过5000万元的案件占到了该类型案件的21.7%:如高扬国际广场安泰大酒店非法吸收公众存款4.4亿元,案发后,尚有3.8亿元无法向集资人兑付;融业财富管理有限公司涉嫌非法集资6.2亿元,总损失达3亿元左右;钰诚融泰(北京)商务咨询有限公司苏州第一分公司推销e租宝理财产品非法吸收资金1.2亿余元,并造成7千万元集资款无法归还;犯罪嫌疑人陈某非法集资7千万元,无法归还款项6千万元。需要注意的是,此类案件,往往都是在犯罪嫌疑人经营不善、债台高筑,甚至是利用庞氏骗局无法兑付其承诺的付款时,才得以案发,此时事实上被害人损失巨大的局面已经形成。

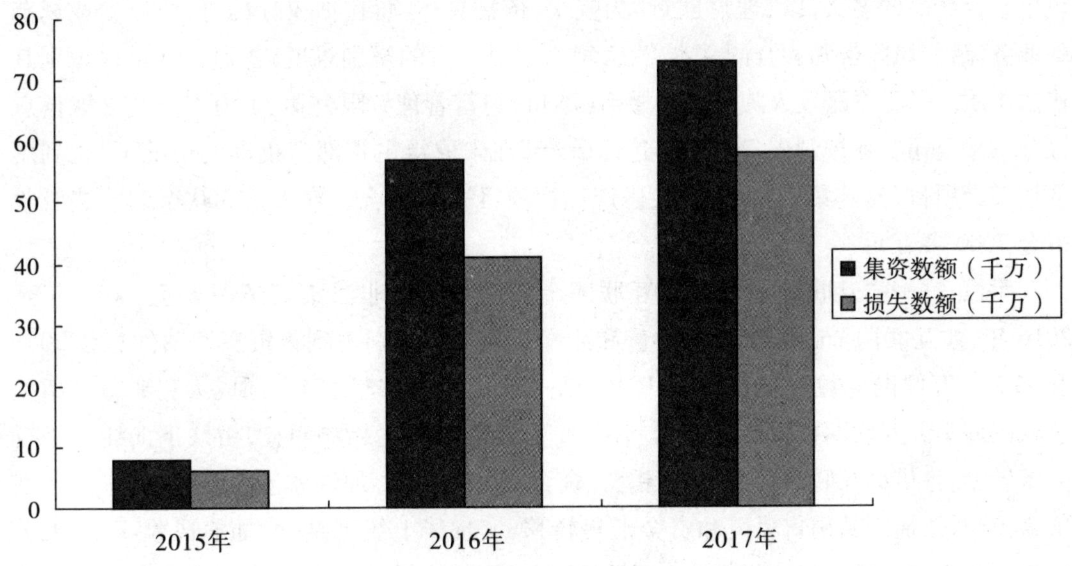

图3 集资数额和损失数额统计

(三)涉案犯罪手段的隐蔽和迷惑

有合法形式,有严密分工,有技术、专业和信息上的优势,使此类案件能在较长时间内,以合法经营的形式堂而皇之地进行着违法犯罪活动,其违法犯罪手段主要表现在以下三个方面:

手段一——"财富(投资)公司+":涉案单位往往具有组织性,以公司、企业为组织形式,有明确分工,并不断完善、严密组织机构。同时,他们还广泛利用互联网、报刊、广播电视、明星代言等现代化传播媒体和形式,夸大公司的经营规模和营利前景。而一般群众缺乏深入了解犯罪分子经营状况和资信的渠道,处于专业、信息不对称的地位,很难准确判断企业的真实经营状况,从而容易上当受骗。特别是在经营过程中,犯罪分子又以真实项目和虚假承诺相交叉、正常经营与违法犯罪相交织、线上和线下相结合的方式,进行违法犯罪,更是使违法犯罪活动具有很强的隐蔽性和迷惑性。如融业财富管理有限公司实际控制人王某,在上海市黄浦区南京西路创兴金融中心设立融业集团总部并在苏州注册融业财富管理公司,依托融业财富公司及其关联网站"融业网 "(www. ronye. com)、"融业财富 "(www. ronye. com. cn),并在上海、江苏、山东、重庆等地设立关联公司或分支机构,在未取得相关许可的情况下,制作"漯河新能源""河南驻马店项目""苏州拉图庄园"等十余个虚假债权转让项目包装成理财产品进行销售,承诺 6% 至 14. 5% 不等的回报为诱饵,采取发布广告、散发传单、电话销售等线上、线下相结合的方式,招揽投资人签订理财协议进行募集资金,涉及集资诈骗投资款 6 亿余元。

手段二——"理财产品 + ":犯罪分子假意迎合社会公众对个人资产保值升值的需求和国家鼓励创新发展政策,近三年来多采用投资理财、财富管理、互联网金融理财等形形色色理财产品的名义,以"理财创新"为幌子,依托具体项目、债权标的等,假以专业规范的业务流程、风险告知和合同文本,大大增大了投资者的辨别难度,普通民众难以识别其违法本质。如犯罪嫌疑人陈某系哈撒韦(苏州)财富管理有限公司、上海苏融贷金融信息服务有限公司实际控制人,2013 年至 2016 年,在未取得主管部门批准的情况下,就利用债权转让项目(富建集团项目、个人房产抵押项目),向社会公众人员 500 余人非法吸收资金 7000 多万元。

手段三——"互联网 + ":假借互联网金融创新名义非法集资情况严重,2013 年至 2016 年,涉互联网金融因素案件数量和涉案人数平均分别占到集资犯罪案件总数 20% 和 27% 。互联网金融创新,特别是 P2P 网络借贷、互联网理财等名词成为犯罪分子招揽公众的噱头。互联网被犯罪分子所利用,非法集资网络化趋势明显,由线下向线上进行升级转型,且借助互联网开展宣传、销售、资金支付和归集,加快非法集资传播速度、拓展覆盖范围、便捷产品销售渠道和资金汇集转移,实现线上线下结合,加速风险蔓延,大大增加了打击和处置难度。如部分 Y 区居民通过网络宣传得知并参与了苏州百傲投资管理有限公司经营的"苏信财富"互联网 P2P 平台发布的项目,该公司以固定年化收益率 18% 的招揽手段,在短短一个月内非法集资金额近 600 万元。

(四)涉案危害后果的严重

——对群众而言,损失巨大。此类案件中涉案数额巨大,集资参与人众多,很多集资款被犯罪分子用于非理性投资、拆东墙补西墙或挥霍,又往往具有经济损失的巨大性。这些借款一旦无法追回,会给受害人造成巨额财产损失和严重的精神压力:有老师向学生家长筹款后无法兑付,而被迫辞职;有老干部遗孀因借款无法追回,而又被他人要求以房产抵债;有下岗职工将家中存款悉数借出,无法要回存款而难以为继生活;有向父母、兄弟姐妹筹款不能归还,彼此关系骤然紧张等。而且,受害者因物质损失而导致心理、精神上的刺激,往往固执于自己的诉求,一旦上访部门在某一具体问题或微小环节处置不当,极易引起他们的对立情绪而缠访缠诉,甚至采取非理性的方式表达诉求。

——对社会而言,影响稳定。由于涉众型集资犯罪案件涉及面广,特别是涉及广大城市低收入居民等弱势群体，一旦案发，一些群众在维护自己权利过程中，信访不信法，习惯于采取非理性的方式表达诉求。特别是在目前微信等自媒体发达的环境下，个案风险容易汇集叠加，投资失败情绪演变成社会对立情绪，极易导致群体事件的突发，严重影响社会稳定。如Y区高扬国际广场项目非法吸收公众存款案件中，几十人甚至数百人到司法、党政机关的群体性上访时有出现，出现了诉求表达组织化的倾向。而在太谷广场项目非法吸收公众存款案件中，一些集资参与人则组织年迈的长辈或年幼的晚辈强行入住写字楼，阻挠司法机关执法。

——对市场而言，影响发展。对市场的危害在于，犯罪分子视公平诚信的市场为投机豪赌的赌场，不但破坏了正常的金融市场秩序，而且促使民众滋生投机暴富心理，阻碍经济的发展。特别是互联网金融无序发展和理财投资类非法集资所积累的风险，以及上述金融风险点带来的外溢性风险，既是对Y区金融创新的破坏，也是对不发生系统性金融风险底线的严峻考验。

二、原因探析：多重场域下的多重影响

（一）行刑衔接的不严密、不及时

集资犯罪属于典型的行政犯，以行政违法为前提，有效、及时的行政监管能及时防止金融违法行为向集资犯罪行为演化，避免造成涉众性巨大损失。但近三年来，检察机关受理审查的非法集资案件，无一起被先行行政处罚，亦无一起系由行政监管机关移送，均是直接进入刑事司法程序、进行刑事处罚，这说明行政执法与刑事司法衔接机制在前道监管程序上仍存在不及时、不严密之处，未能有效防止金融违法向集资犯罪演化。

（二）金融监管的不足

目前金融监管的重点，大多在市场准入环节而非市场交易环节，较易产生监管盲点和薄弱点。如我们审查的案件中，大多数财富金融公司以各种投资咨询、资产管理、信息服务类的公司工商注册，手续简便，注册后又无相应监管，致使这些公司开展非法活动时期未能被及早发现。当资金链断裂后，刑事介入时，已经造成巨大的损失，无法挽回。此外，金融以信用为基础，虽然目前征信体系已开始构建，但尚未能建成跨行业、全覆盖的征信系统，使金融欺诈和犯罪活动游走于行业监管缝隙，而难以被识别和发现。

（三）金融法规的不健全

有法可依是实施金融监管的前提，但面对市场金融产品的琳琅满目，金融法规的供给却相对不足、相对滞后，未能及时向社会提示金融业务的本质和金融风险，也让一般民众难以辨别金融项目、产品的合法与否，容易被骗。如目前市场上理财产品泛化，却始终没有明确的法律概念，也缺乏完善配套的法律法规予以规范，对于银行、证券、保险等正规金融机构之外的市场主体销售的理财产品存在监管空白。又如，对金融创新领域的监管以P2P平台为例，在2016年8月《网络借贷信息中介机构业务活动管理暂行办法》（以

下简称《暂行办法》)出台前,网贷领域长期缺乏监管细则,几乎处于无序发展状态,如我们审查案件中所呈现的,众多平台都以互联网金融自称,但大部分业务仍在电子渠道之外的物理场所进行,这明显违背了互联网金融的实质要求和《暂行办法》的规定。再如,真实的信息披露是对投资者知情权的最大保障,但目前只有中国互联网金融协会发布了《互联网金融信息披露个体网络借贷标准》,尚未上升到法律层面,强制性的信息披露法规尚未健全。

(四)民众对金融知识和投资风险的不了解、不重视

上述金融监管的缺位和金融法规供给的滞后,不仅使得金融创新行业鱼龙混杂、风险大量积聚,而且使社会公众难以分辨金融创新和非法集资等非法犯罪行为的边界,为高息承诺所诱盲目投资,客观上为行为人利用金融创新概念实施犯罪的提供了有利条件。不少投资者在对金融风险缺乏基本理性认识的情况下,甚至在不清楚互联网金融和 P2P 网贷是何物的情况下,仅以所谓"收益率"作为投资决策的唯一标准,盲目投资,漠视风险,以致对宣称的收益率畸高等显而易见的骗局仍趋之若鹜,往往"天上馅饼"变成了"地下陷阱",导致损失惨重。

三、困难凸显:徘徊于保护金融创新与维护金融安全之间

相比于其他刑事犯罪案件,集资犯罪类型案件查处的困难突出表现在以下三个方面:

困难之一:法律适用难——刑法的稳定性与金融法规的易变性之间的矛盾。

保护金融市场创新和维护金融安全,是司法机关发挥职能的双重目标。作为行政犯的非法吸收公众存款罪或集资诈骗犯罪,涉及对经济活动的规制,而金融创新的经营方式又处在不断的改革尝试中,对违规与违法、罪与非罪问题,在司法理论中争议颇大,一些集资犯罪很难看出它究竟是违反了金融管理法规,还是违反了刑事法律,导致了执法者在司法实践中的顾虑谨慎心理。事实上,此类案件检察机关经过审查,认为证据不足,不批捕、不起诉(包括退回侦查机关撤案处理)比例要明显高于其他类刑事犯罪案件。

此外,司法实践中,对于各类非法集资活动,由于集资诈骗罪行为人主观上必须具有非法占有的目的,而主观要素的证明在实践中对控方又始终是一个难题。在法律适用中,凡是向社会不特定对象吸收资金,并承诺回报的,一般被定性为非法吸收存款罪。这种简单的认定方式,虽然具有易操作的优点,但这样处理在理论上和实践中都不无争议:因为按照金融法学的分类,集资分为不需要作特别监管要求,只要求资金募集人作真实信息披露的直接融资制度,以及有特别监管要求的对金融中介机构采用特许制的间接金融制度。而不少民间非法集资,往往是集资者合法集资途径有限,自己使用资金,更类似于直接融资安排。因此,有学者认为非法吸收存款中,行为人应有将吸收的存款用于信贷的目的。以非法吸收公众存款罪处理非法集资活动,是对该罪名的误用,既不符合法

律解释的本身逻辑,也不符合金融现实。

困难之二:侦查取证难——作案的长期性与发案的突然性之间的矛盾。

一方面,在查处涉众型犯罪案件,真实的账目是否完整、清楚,是查明其实际经营状况、集资数额和资金去向的有力工具,也是案件证据的关键所在。然而,由于涉众型经济犯罪欺骗性和隐蔽性强,作案时间和潜伏期,短则数月,长达数年之久。行为人可以有充裕的时间和机会,订立攻守同盟、销毁罪证。甚至少数行为人为了逃避打击,故意隐匿、销毁会计账簿和其他书证,导致指控犯罪的直接证据缺乏。司法机关在认定犯罪数额上,通常只能依靠集资群众提供的收据、银行入资回单等单方面凭证来计算,往往为核实一个案件的涉案金额及被害人人数,需要耗费大量的人力、物力和时间。仅就Y区检察院近三年的统计,82%的案件为了进一步收集证据和核实案情,都使用了"两退三延"的方式,案件办案周期较其他案件的期限延长了2.5倍之多。

另一方面,此类案件的发案,由于行为人及其单位伴随资金断链和泡沫破灭,当无法支付资金时,案件的爆发又具有突然性,且往往伴随着群体性事件。侦查机关不得不将主要精力放在布控犯罪嫌疑人和维护社会稳定上,前期常无暇顾及或者忽视对证据的收集,从而给下一个诉讼环节带来困难。

困难之三:案结事了难——群众诉求的多样性与执法资源的有限性之间的矛盾。

案结事了,是办案法律效果和社会效果相统一的体现。但在涉众型经济犯罪案件中,我们通常看到的却是"案结事难了"的现象:首先,由于这类案件大多数赃款,要么被犯罪分子挥霍,要么风险投资而血本无归,要么经营失败而大幅缩水,即使犯罪分子被绳之以法,但由于受害群众的经济赔偿问题得不到妥善解决,导致受害群众反复上访,影响社会和谐稳定。其次,社会舆论密切关注此类案件,给办案带来很大压力。如在案件定性问题上,当侦查机关以集资诈骗类案件定性时,检察机关审查认为,行为人主观上非法占有的目的无法推定时,以非法经营或吸收公众存款定性时,往往承受着群情激愤下打击犯罪不力的压力。最后,从受害群众反映来看,一些案件不同程度地暴露出有关行政执法机关的渎职问题,但由于其中的渎职犯罪线索不具体等诸多原因,深挖渎职犯罪效果无法显现,也易给群众造成所谓"官官相护"的印象。

四、守住底线:对涉众型集资犯罪的惩治与防范

高发的集资犯罪卷入大量公众和社会资金,对金融安全和社会稳定造成严重的负面损害,亟须采取一系列措施,打击集资犯罪、加强金融监管、化解金融风险,防止金融风险失控,守住不发生系统性金融风险的底线。具体可考虑从以下三个方面,加强检察机关的执法办案与部门联动工作:

(一)惩治犯罪的精准化与政策化

宽严相济的刑事政策要求我们在处理涉众型集资犯罪案件时,要区别对待,该宽则

宽,当严则严,宽严相济,罚当其罪,实现刑罚的公平正义。

在区别对待中实施精准打击。对以高利率或高回报为诱饵,针对社会公众实施的集资诈骗等涉众型犯罪,或者假借金融创新之名实施的新型集资犯罪,由于犯罪规模一般较大,涉及被害人人数众多,对社会经济秩序的破坏亦较大,因而要对其从严惩处,保持对严重集资犯罪的高压态势,通过及时、准确、有力地查处和打击,形成对集资犯罪的有效威慑。

与此同时,要充分把握法律和政策界限。对于市场背景下的经济违法行为,应当审慎分析判断其社会危害性,坚持打击犯罪与服务发展并重,正确把握法律政策界限,认真研究和稳妥处理金融领域特别是互联网金融、证券期货等领域新情况、新问题,厘清民间借贷与非法集资、新型金融业态与非法金融活动的边界,准确定性、精准打击,增强办案效果。此外,要严格依法掌握定罪条件,充分考虑逮捕和起诉的必要性,避免打击过度,对于集资资金主要用于生产经营活动,行为人有还款意愿,能够及时清退集资款项,社会危害不大的,可以免于刑事处罚或者不作为犯罪处理。

在追赃挽损中修复社会关系。仅仅满足于将涉众型经济犯罪的犯罪分子绳之以法显然是不够的,对大多数的受害者而言,他们可能更关心的是能否追回自己的投资。因此,在法律秩序中将保护当事人合法权益与化解社会矛盾相结合,贯彻落实宽严相济刑事政策、尽力追赃挽损,努力化解社会矛盾,修复社会关系,不但是必要的,也是重要的。有鉴于此,一方面,司法机关在立案之初,就要注意采取有效措施控制犯罪嫌疑人的涉案财物,防止其财产转移,为追赃的顺利进行做好准备,同时,检察机关要勇于探索经济犯罪的刑事附带民事诉讼的实践方式,有效拓展被害人的权利救济途径;另一方面,对涉众型经济犯罪而言,财产刑在剥夺犯罪分子再犯能力方面,具有其他刑罚所不具备的优势和作用。要注重通过依法适用财产刑使犯罪分子受到经济上的惩罚,剥夺其重新犯罪的能力和条件,充分发挥刑罚的特殊预防功能。同时,对犯罪分子主观恶性不深,犯罪行为客观危害尚不十分严重的,可尝试刑事和解。通过检察机关积极沟通被害人和犯罪嫌疑人的意见,达成和解协议。对符合缓刑适用条件的,积极建议法院依法适用缓刑,为犯罪分子积极通过合法正当经营,赔偿被害人的损失创造一定条件。

(二)应对犯罪的体系化与专业化

涉众型经济犯罪一般有一个萌芽、积累、膨胀、爆发的过程,往往潜伏期长,蓄积的破坏能量大,案件本身伴随资金断链和泡沫的破灭又具有突发性。因此要立足于“打早打小”,提前建立起排查、监管、预警以及查办机制,一旦发现有该类涉众型经济犯罪活动的存在,可立即组建处置涉众型经济犯罪的专门领导小组,制订处置工作预案。通过与党委和政府部门的多方配合协作,包括区域协作、部门协作、上下协作、内外协作,形成工作合力。就检察机关在体系化防治中的地位而言,可考虑从以下三个方面着力发挥法律监督作用:

其一，在刑事司法和行政执法的有效衔接中，加强在案件查办方面的合作。一方面，加强与公安局、金融监管服务局等行政执法机关在案件查办方面的合作，优化集资犯罪查案流程和模式，加强对案件定性、法律适用和证据标准问题研商，充分发挥司法和行政监管的各自优势，在案件查办过程中加强协作，形成合力。另一方面，在查办案件之外，还要依托金融检察联席会议等机制，及时就个案中发现的机制漏洞和发案隐患进行风险提示，帮助监管部门有效识别和化解风险。通过共同研究、部署和推进法律服务、风险防控、犯罪预防专项工作，增强金融监管的专业性、统一性和穿透性，共同营造良好的金融法治环境。

其二，在提升办案专业化中，优化办案资源。根据金融行业领域细分开展针对性的业务培训和研究，加强对金融业务、内控机制和监管流程的理解和把握，努力培养一批精通金融检察业务的专门人才，并组建专业化的办案小组，专门负责办理此类案件，熟练掌握处理涉众型集资犯罪的相关专业知识、法律和政策，提升金融检察工作的专业水平。

其三，在健全执法办案风险办案预警机制中，加强风险预判。强化风险应对意识，对案件可能引发的信访、舆情等影响社会稳定和办案效果的风险进行评估。发现存在办案风险的案件，应当及时制定和启动检察机关的应急工作机制和快速反应系统，提高对此类案件的预测研判、现场指挥和依法处置能力。需要注意的是，检察机关还应加强对办理此类案件不批捕、不起诉等决定时的风险评估预警，科学制订预案，妥善采取应对措施，把不稳定因素消除在萌芽状态，妥善化解社会矛盾。

（三）防范犯罪的社会化和网络化

防治犯罪是一项系统工程，防治涉众型集资犯罪尤其如此。为此，必须以检察机关的法律监督职能为基础，依托现有资源，集聚有利因素，积极稳妥地做好风险防范和矛盾化解工作：

一是依托法律资源，配合金融监管机构加强动态监控工作。依据中国人民银行反洗钱等相关规定，金融监管机构积极利用银行监测系统进行监测分析，加强对涉嫌非法集资等违法犯罪活动可疑资金的监控。依据《广告法》等法规，城管、市场监管等部门落实对涉嫌非法集资广告的审查和监管，加强对门户网站、微博、微信、手机客户端、搜索引擎等信息媒体发布融资类广告的管理。积极研究利用互联网、大数据、云计算等技术，加强事前和事中监管，加强各部门之间信息分享和交换，高度关注案件高发领域和新的风险点的防控，对非法集资建立立体化、社会化、信息化的全方位监测预警体系。

二是依托网络资源，做好网络舆情的引导工作。建立健全与新闻宣传部门沟通、网上舆情分析评判等制度，充分利用微媒体、网络传播迅速快捷的特点，并在第一时间公布基本案情，引导舆论宣传，消除群众的恐慌和猜疑，掌握舆论的主动权。并建议网络媒体、新闻媒体加强新闻管控，尤其是审查广告宣传的真实性，慎防被违法犯罪团伙所利用，蒙骗和误导群众。

三是依托宣传资源，增强群众的投资风险和防范犯罪工作。涉众型犯罪能否得逞，与被害人防范意识和投机心理有很大关系。因此，应多渠道、多载体、多形式推动消费者教育，强化金融消费者保护，包括加强互联网融资等领域投资者教育，引导社会公众树立理性的投资观念和风险自负意识。同时，梳理近年来非法集资、投资理财类违法犯罪案件，以典型个案、风险提示等加强反面警示教育，结合公众媒体特别是新媒体、自媒体渠道，拓展宣传教育的辐射面和受众群体。

安全生产领域刑事犯罪及防控实证分析

——以江苏省T市2016~2018年案件数据为样本

丁建玮　陆秀勇　柏　坚*

党的十九大指出，人民日益增长的美好生活需要和不平衡不充分发展之间的矛盾成为社会主要矛盾。新时代人民对民主、法治、公平、正义、安全、环境等方面的要求日益增长。安全成为群众关心的头等大事之一。企业安全生产不仅关系群众生命财产安全，而且事关经济健康发展，社会的繁荣稳定。在中央强调服务民营企业发展的当下，从事企业生产安全研究更加有着重要的服务价值和现实意义。本文就江苏省地级T市2016年以来安全生产领域刑事案件进行样本分析，并探究原因，提出意见对策。

一、T市安全生产领域刑事案件基本情况

2016~2018年，T市检察机关共受理安全生产领域（包括大型运输车辆交通肇事犯罪）刑事犯罪共233件274人，其特点是：

一是涉案罪名、犯罪领域相对集中。安全生产领域刑事案件罪名主要为重大责任事故罪70件98人和交通肇事罪145件157人，重大劳动安全事故罪受理1件1人，失火罪1件2人，过失致人死亡罪16件16人。其他强令违章冒险作业罪、危险物品肇事罪、消防责任事故罪、失火罪、不报谎报安全事故罪均为零。

* 丁建玮，江苏省泰州市人民检察院法律政策研究室主任；陆秀勇，江苏省泰州市人民检察院法律政策研究室副主任；柏坚，江苏省泰州市人民检察院第二检察部检察官助理。

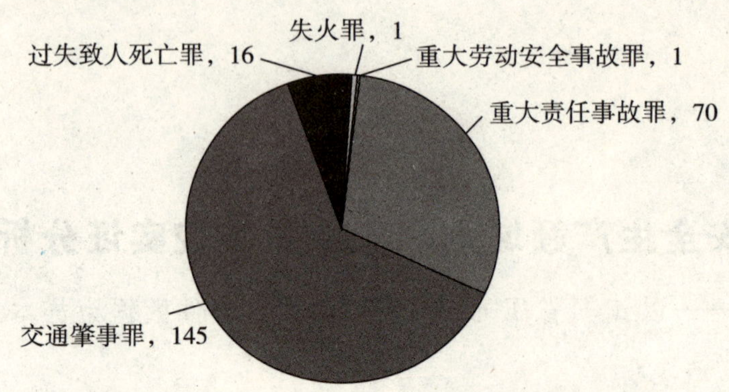

图 1 2016~2018 年 T 市安全生产领域刑事案件类型

重大责任事故犯罪的领域也相对集中，其中 48 件发生在建筑工程领域，占比达 69%；14 件发生在特种装备施工作业领域，占比达 20%；4 件发生在化工化学制品领域，占比 6%。由此可见，T 市地区建筑工程、特种装备施工作业与化工化学制品行业成为安全生产事故案件多发地。

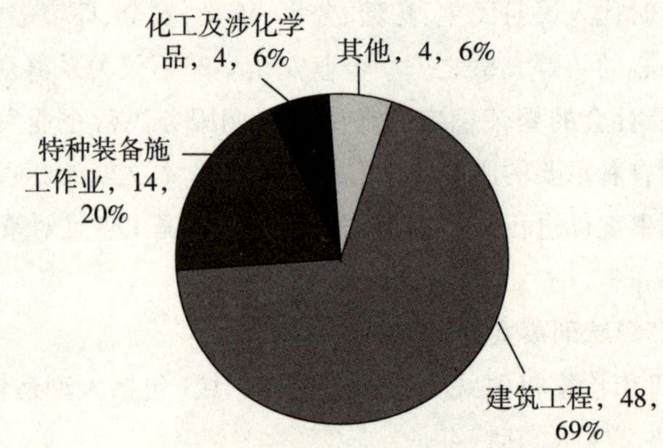

图 2 重大责任事故罪发生领域分布

二是安全生产责任犯罪呈逐年递增态势。相关数据表明，生产作业领域及其相关领域安全生产事故呈增长态势。以重大责任事故罪审查起诉案件受理数为例，2016 年受理 10 件 22 人，2017 年 24 件 33 人，2018 年 36 件 43 人，案件数年均增长近 95%，涉案人数年均增长 40%。案件受理数分别占全省检察机关同类案件总数的 4.5%、8.9% 和 10%，占比不断上升。

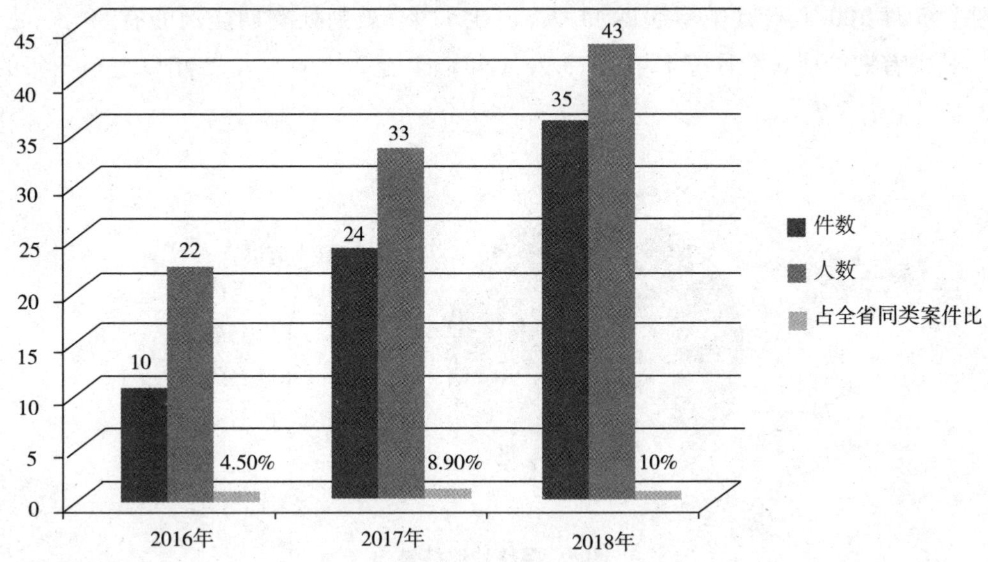

图 3 重大责任事故罪受理情况

三是犯罪人员多为低学历、一线操作岗位。安全生产责任事故犯罪中(包括重大责任事故犯罪 71 件 99 人、过失致人死亡犯罪 16 件 16 人,共 115 人),主要犯罪嫌疑人大学专科或以上学历仅 5 人,占比约 4.3%;高中中专学历 18 人,占比 15.6%;其余 92 人均为初中以下学历,有的从业者甚至没有经历过任何义务阶段学历教育,占初中以下学历的 80%。人员职务分布来看,个体经营者或者临时雇佣人员 73 人,占比 63.5%;企业职工 25 人,占比 21.7%;企业负责人或企业部门负责人(企业管理者)17 人,占比 14.7%。

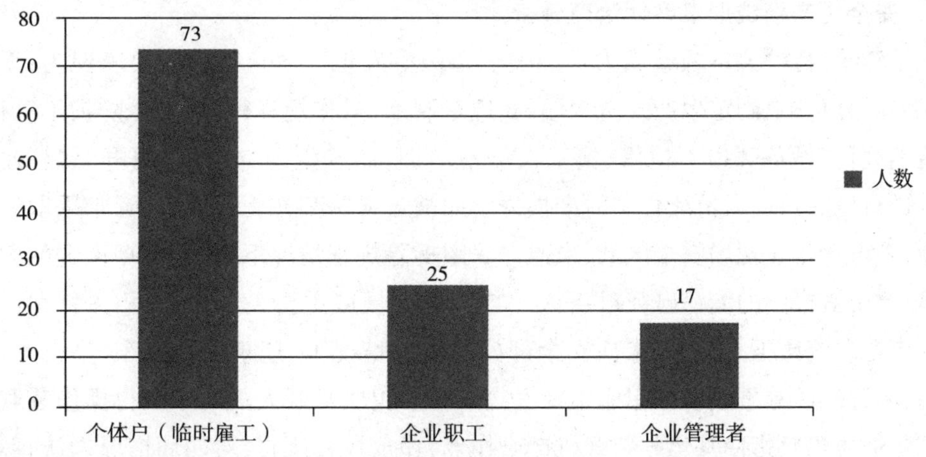

图 4 犯罪分子职业职务分布

四是刑事责任追究方式轻缓化明显。2016 年至 2018 年重大责任事故案件,采用逮捕强制措施的 2 件,占 3%,分别是“4·22”某仓储有限公司、“3·13”某食品有限公司两起较大火灾事故,逮捕强制措施适用较少。在案件处理上(截至 5 月 27 日有最终处理结果的是95件100人),其中不起诉11人,占比11%;被判处有期徒刑的有89人,占比89%,其中有期徒刑6个月至1年的73人,1年以上至2年的8人,2年以上至3年的5人,3年以上的3人。

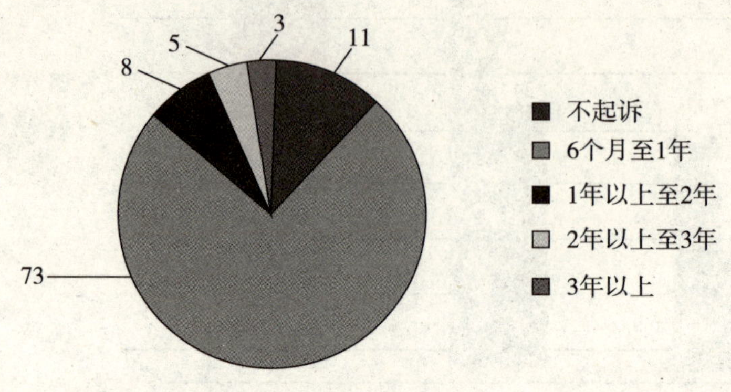

图5 案件处理结果

在刑罚方式上,重大责任事故罪已经被判处刑罚的70名被告人中,被告人被一审宣告缓刑57人,占比81%,缓刑适用率高。重大责任事故罪为职业领域常见犯罪,对危害性较大犯罪或再犯危险性较大可采用禁止令。自2016年以来,仅有5件重大责任事故犯罪判处了职业禁止令。

究其原因,主要是此类罪名法定刑相对较低,且案件危害较小,绝大部分案件仅造成1人死亡,多数案件已经赔偿了有关被害人的损失。

二、安全生产领域刑事案件治理分析

一是建筑、特种装备领域成为生产安全事故多发地。建筑行为主要表现为:无施工资质或多层分包,未制定生产安全责任制、规章制度、操作规程等,因安全防护不到位、材料吊装不规范、设备磨损不检修、施工人员不培训,而发生高空坠落、用电泄漏、建筑倒塌、机械损害等,致使人员死亡和财产损失。如被告人陈某在无相应资质、未采取安全防范措施、未设置作业现场安全区域、未遵守房屋拆除规程情况下,采用掏掘推倒的方法拆除墙体,致使被推倒的墙壁砸死被害人。特种装备领域主要表现为:无相关特种设备操作资质或产品资质不具备,在未向安全部门登记的情况下,违规操作叉车、吊机等设备,发生坠、砸、撞、压等事故。如犯罪嫌疑人戴某明知犯罪嫌疑人王某未取得操作装载机的特种作业资质仍然指使其驾驶装载机铲土作业,违反操作规程,对四周情况未认真观察,倒车过程中,将被害人于某碾轧致死。调研中发现,半挂车、牵引车等重型工程车辆交通事故发生率较高,相关管理亟待进一步加强。

二是化工及涉及化学品领域存在较大安全隐患。2016~2018年,发生的较大伤亡或损失的安全事故犯罪几乎均与化工或化学品有关。主要表现为违法操作规程、未对操作对象进行充分研判、违规动火、违规生产操作,致使发生爆炸、火灾、中毒等事故,造成较大伤亡和损失。被告人汪某根据被告人张某的通知,在施工工地的厌氧反应罐附近实施管道焊接施工,明知厌氧反应罐内存有物质可能产生沼气,仍然安排工人对厌氧反应罐管道违规实施动火焊接,导致厌氧反应罐内沼气遇明火发生爆炸,致在厌氧反应罐顶侧施工工人 5 人掉落,4 人经抢救无效死亡。

三是安全生产的最后一公里亟待打通。基层一线生产作业人员及生产经营者安全意识和综合素质亟待提高。基层一线生产作业的组织经营者和具体操作的工人、技术人员等是安全生产直接实施者,也易成为安全事故发生的重要诱因。调研中发现,生产责任事故犯罪主体文化水平较低,安全生产意识落后,且多为一线工人、个体经营者等,这一群体因为文化水平不高等制约,虽然有的也经过培训,但安全生产技能仍不熟练,安全生产和自我保护意识仍相对较弱,是安全生产中最明显的薄弱环节。

四是企业主体责任和职能部门监管责任须进一步加强。企业安全生产主体责任还没有完全落实到位,部分企业为了抢进度、降成本牺牲了安全教育、安全投入、安全设施以及必要的安全工序。有些企业违法分包转包,安全管理得不到有效保证。如被告人朱某在无施工资质情况下,以 T 市所属县级市某钢结构有限公司名义承接本市某泵业公司钢结构厂房搭建安装工程,聘用无特种行业操作证的戴某林等,在未进行岗前培训,未配备安监员、巡视员,未设置安全防护网,未要求佩戴安全帽、系安全带情况下,进行高空电焊作业,致戴某林在钢结构横梁上电焊操作时坠落死亡。相关安全监管部门履职力度有待进一步增强。如 T 市某燃气有限公司违反安全生产管理的相关规定,使用未经检验的燃气管道输送燃气,对阴极保护测试桩损坏、警示桩丢失等问题未及时进行维护,导致无法确定埋地燃气管道位置方位、管道外防腐层是否完好等,存在较大安全隐患。T 市某区住房和城乡建设局未依法对该燃气有限公司采取措施,及时消除上述安全隐患。

三、安全生产领域刑事案件防控治理建议

一是综合运用多种法律手段,提升打击、预防和教育作用。针对安全生产领域的严峻态势,完善行政执法和刑事司法衔接,司法机关应加大对重大责任事故责任人的刑事打击力度,规范不起诉和轻缓化量刑建议的适用,增加禁止令和职业禁止的适用;对于依法不作为犯罪处理或免于刑事处罚的,应及时建议有关监管部门严格进行行政处罚;纪检监察机关应深挖背后的渎职和腐败犯罪,营造依法从严从重惩治的高压态势。检察机关应对造成环境污染等次生事故的违法犯罪行为依法提起公益诉讼,责令赔偿公共损失。履行好执法普法责任,加强对社会公众的安全生产教育,引导社会公众一方面重视生产生活中的安全管理,另一方面正确理性看待安全生产事故,减少过度维权。

二是强化检察机关在安全生产治理中贡献度。立足刑事案件审查逮捕、审查起诉等,对严重违反安全管理规定,负有组织、指挥和管理责任的负责人、管理人员以及一线

人员给予精准打击;坚持罪刑法定、宽严相济的刑事政策,加强因果关系、职责范围、具体损失的认定,合理确定刑法打击范围。依托刑事案件办理以及行政检察调查手段,向安全监管职能部门或地方政府发送检察建议,督促加强安全监管履职,推进行业专项整治,保障公共领域安全。大力加强安全宣传和风险研判工作,主动加强调查研究,撰写研判材料和检察建议,向地方党委、政府和企业单位提出意见建议,主动提供检察智慧服务,提升企业安全生产意识和能力。优化安全宣传,运用检察各类媒体,向社会尤其是企业宣传安全生产领域典型案件,促使企业绷紧安全生产这根弦。

三是抓细抓准重点行业和重点人群管理。坚持把防范遏制较大及以上事故作为重中之重,加强对建筑企业、特种设备使用企业、化工及涉化学品企业的监管力度,对各类施工主体资质资格严格检查核实,对易燃易爆易泄漏设施设备深度排查。特别是加强化工企业和涉化学品企业,作最细致最严格监管,完善各级政府危化品安全风险分布档案。完善企业安全诚信等级评定工作,纳入社会信用体系,形成“黑名单”管理。完善从业前教育培训制度、日常教育培训制度、重点安全问题专项教育制度、案例教育教学等制度,突出对生产作业一线工人、现场施工负责人、个体从业者的教育培训,多路径多平台提升安全生产从业人员素质。

四是提升重点企业安全生产事故应对处置水平。当今社会经济社会发展与风险并存,应理性辩证看待安全生产风险和事故。对于发展必需的重点产业和重点企业,固然需要抓好日常风险排查和防范,更重要的是汲取近期省内外发生的重大安全生产事故的经验教训,在公共应急管理产品提供、事故现场处置、伤亡救助、公共关系应对上进一步落实落细预案,最大限度降低事故的负面影响。

五是抓实抓好企业安全主体责任履行。不断强化企业安全生产主体责任落实,督促企业从源头上预防和减少生产安全事故,特别是避免一线施工项目违法分包、转包给“借资质”甚至没有资质的施工队或个体承办人。督促企业编制落实安全承诺书和主体责任清单。强化企业主要责任人、安全责任人变更、新改扩建项目、易燃易爆和有毒有害作业等重大事项执行事前报告制度。进一步推进企业完善专家会诊、设立安全总监、自动化控制改造等,应用远程视频监控等科技装备加强对生产施工现场的智能化监管。结合安全生产工作实际,不断推进企业健全完善安全生产形势研判机制,有效开展风险评估和危害辨识,排查解决安全隐患和问题。

关于充分发挥社区矫正监督职能作用支持民营企业发展的调查报告

——以苏州市为例的分析

程武雄　姚界承　张新亚　周　骐*

为深入贯彻习近平新时代中国特色社会主义思想和党的十九大精神，贯彻落实习近平总书记在民营企业座谈会上的重要讲话精神，全面了解检察机关服务保障民营经济健康发展，近日苏州市人民检察院采取统计分析、实地走访、调研座谈等方式，对发挥社区矫正监督职能作用支持民营企业发展的工作进行了调研。

一、社区服刑人员涉民营企业基本情况

(一)苏州民营经济的基本状况

苏州地区民营经济活跃，截至2018年年末，全市私营个体市场主体总量达到148.9万户，总注册资本3.52万亿元，从业人员达677.72万人。2018年，全市规模以上民营工业企业实现总产值1.12万亿元，占全市规模以上工业总产值的33.8%。全市有19家企业入围“2018中国民营企业500强”，2家民营企业入围2018《财富》世界500强，苏州民营企业已经成为稳定经济的重要基础、地方税收的重要来源、技术创新的重要主体、经济持续健康发展的重要力量。

(二)社区服刑人员中涉及民营企业的状况

苏州地区社区服刑人员中有大量的民营经济从业者，截至2019年2月底，苏州全市社区服刑人员3376人，其中系民营企业法定代表人346人、民营企业投资股东69人、民营企业高级管理人员169人，个体工商户71人，共计655人(以下简称“民营企业经营

* 程武雄，江苏省苏州市人民检察院第九检察部主任；姚界承，苏州市吴江区人民检察院第三检察部主任；张新亚，江苏省太仓市人民检察院第三检察部主任；周骐，江苏省张家港市人民检察院第三检察部副主任。

者”),占社区服刑人员总数的 19.4%。另有民营企业员工 186 人。

民营企业服刑人员中有 424 人犯虚开增值税专用发票罪,占民营企业服刑人员的 50.42%,此外,还有犯交通肇事罪、行贿罪、单位受贿罪、故意伤害罪、重大责任事故和重大劳动安全事故罪、诈骗罪等罪名的民营企业服刑人员。

上述民营企业中注册资本在 100 万元以上的有 350 家、50 万~100 万元的有 226 家、50 万元以下的有 73 家;企业从业人员 100 人以上的有 32 家、50~100 人的有 58 家、50 人以下的有 587 家;年缴税款 100 万元以上的有 91 家,50 万~100 万元的有 160 家,小于 50 万元的有 230 家。

二、社区矫正执行过程中存在的问题

社区矫正制度是对社会危害性相对较轻的罪犯可以在保留原有工作的基础上在社区执行刑罚的制度,这种刑罚执行方式为改造罪犯、修复社会关系创造了更为人性化的条件,客观上起到了稳定社会就业、推动社会经济发展的作用。但是在社区矫正的执行过程中,我们也发现其中的一些制度在设计、执行方式与经济社会的发展特别是民营企业的发展存在一定的矛盾和冲突,主要有以下几个方面:

(一)请假规定的限制和企业经营发展需求的矛盾

根据 2012 年“两高两部”颁布的《社区矫正实施办法》第十三条和《江苏省社区服刑人员监督管理办法》第二十三条的规定,社区服刑人员未经批准不得离开所居住的市、县,只有社区服刑人员因就医、家庭重大变故等原因,经批准才能请假外出。对于“就医、家庭重大变故等原因”,江苏省未作细化解释,因此基层执行的是“就医”“家庭重大变故”两个理由,其他理由不予准假。但随着经济社会的不断发展,跨区域流动越来越频繁,民营企业在经营活动中需要法定代表人、投资股东、企业高级管理人员等出面外出处理的情况经常发生,如参加各类投资谈判、走访重点客户、参加行业活动、签订重要合同、参加重要展会,甚至催讨欠款等相关经营业务,都需要其外出处理。对民营企业来说,这些都是关乎企业生存和发展的重要活动,需要上述人员出面,但如果以参加这些活动为由请假,实践中司法行政机关不予批准。据统计,自 2018 年以来,苏州地区有 29 人次因企业经营活动请假被司法行政机关否决。就苏州市民营企业相对集中的吴江区而言,就有 43.2% 的民营企业经营者有因工作需要请假外出的需求,其中因需要进行采购、销售、签订重大合同、商务谈判、接待等活动的占 98.1%。

(二)“双八”规定和企业经营发展的矛盾

社矫服刑人员每月分别完成八小时的社区服务和教育学习(以下简称“双八”)是《社区矫正实施办法》的明确规定,该规定的目的是对社区服刑人员进行教育改造,促使其改掉犯罪恶习、净化思想、融入社会。目前司法行政机关均采取集中的方式开展,可以较好地完成规定每月八小时的时间,但无法对实际的效果进行有效评估。同时,由于集中的方式开展活动时间固定,这也导致部分社区服刑人员难以在规定的时间参加活动,特别是法定代表人、企业高级管理人员等民营企业关键岗位的人员,矛盾较为突出。据调查了解,吴江区有58.4%的民营企业经营者认为两个八小时的执行对本人工作生活有影响,其中86.3%的社区服刑人员认为造成影响的原因是安排的时间和本人的工作生活存在冲突。实践中发生部分企业职工参加"双八"因不能经常向企业请假而离职的情况,这与鼓励社区服刑人员积极改造、修复社会关系和融入社会存在一定的矛盾。

(三)法定代表人变更制度和企业经营发展的矛盾

社区服刑人员不得担任公司法定代表人,最初是由原国家工商行政管理局1990年颁布的《企业法人的法定代表人审批条件和登记管理暂行规定》做出的规定,之后1998年颁布的《企业法人法定代表人登记管理规定》也延续了上述规定。《公司法》对因贪污、贿赂、侵占财产、挪用财产或者破坏社会主义市场经济秩序被判处刑罚,执行期满未逾5年的,也做出了不得担任公司董事、监事、高级管理人员的禁止性规定。因此,社区服刑人员不得担任法定代表人这一规定是十分明确的,但是长期以来实践中执行情况不太理想。据统计,苏州社区服刑人员原系民营企业法定代表人共有346人,目前因各种原因无法变更法人代表共仍有188人,占比54.33%。主要原因在于:一是法定代表人名下有贷款,贷款未结清不得变更。如张家港市社区服刑人员高某,其在被判处缓刑前系江阴市某公司法定代表人,因公司贷款尚未还清无法变更登记,目前仍担任公司法定代表人。二是企业经营急需贷款,但法定代表人变更的,企业一年内不能贷款。如常熟市社区服刑人员陆某,系江苏某建设工程有限公司法定代表人,该公司有1000万元银行贷款,一旦变更法定代表人银行会收回贷款,严重影响企业经营。三是公司股东决议不同意变更法定代表人。如常熟市社区服刑人员李某,系苏州某贸易有限公司法定代表人,由于其公司股东不同意变更法定代表人,致市场监督管理局未能办理变更法定代表人手续。四是特种设备生产企业,需要向国家安全生产机构备案后,才能变更法定代表人。五是有些企业法定代表人有相关资质要求,变更后会对企业业务造成影响。如常熟市社区服刑人员陆某,系常熟市某电力工程有限公司法定代表人,该公司经营活动需要法定代表人具有江苏省住建厅颁发的建筑施工安全生产合格证书,若变更法定代表人,则需重新考取相应的安全生产合格证书,严重影响公司生产经营。这些问题,是造成法定代表人变更难以执行到位的主要原因。

(四)毗邻省市执法尺度不一,不利于区域内民营企业发展

苏州作为江苏省长三角一体化战略的前沿阵地,和沪浙交界地区的一体化需求尤为迫切。但是,目前苏沪浙地区社区矫正的规定存在较大差异,从请假、审前调查到居住地变更、收监等方面执法尺度都有差异。以请假制度为例,江苏和浙江地区都执行非常严格,没有对"就医、家庭重大变故等原因"进行细化解释。上海地区则对其进行了详细的解释,上海市人民检察院和司法局会签了《上海市社区服刑人员请假外出管理办法(试

行)》,将可以请假的理由细化为六个方面:一是本人因结婚、生育、就医、就学、考试等事务确需赴外地处理的;二是涉及本人在外地的诉讼、仲裁确需本人参加的;三是因生产经营需要,确有业务必须由本人临时赴外地处理的;四是户籍地不在本市,在春节、清明期间确需回原籍探亲、祭祖的;五是因本人在外地的近亲属婚嫁、重病、亡故等情形,确需本人前往协助处理的;六是与本人和家庭密切相关的其他突发事件或特殊情况,确需本人赴外地处理的。上海地区的规定与江浙两地相比明显更加人性化和具备可操作性。实践中,这些差异导致社区服刑人员在江浙沪三地接受不同的管理措施和待遇,对于民营企业从业者而言影响明显,也会影响到同类企业的竞争力。从调研数据的分析来看,的确也反映了这方面的问题。吴江区对全区 125 名民营企业经营者进行了问卷调查,73.6% 的人认为矫正活动对其企业经营造成了影响,其中 29.3% 的人认为有很大影响,从苏州全市范围来看,2018 年就有 14 人因公司业务不假外出受到警告。如张家港市社区服刑人员朱某,在全国多地多家公司担任法定代表人、股东,在服刑期间经常需要请假外出变更法人、股东或处理公司其他事宜,但无法履行准假手续。

三、对策与建议

面对上述种种困难和苏州实际,检察机关在社区矫正监督工作中要转变思路,一方面充分履职,持续加大监督力度;另一方面突出对民营企业的重点保护,为民营企业的经营发展营造良好的司法环境,做到"严管"与"厚爱"相结合。

(一)以解决突出问题彰显破冰效应

1. 宽严相济开展请销假监督。"请假难"是目前民营企业社区服刑人员反映的最突出问题。为了洽谈业务、争取资金和订单,民营企业社区服刑人员请假离开居住的市县(区)是迫切的实际需要,须以"宽严相济"的方式解决这一突出矛盾。首先,转变思想认识。《社区矫正实施办法》所规定的事由为"就医、家庭重大变故等",并非仅限于两种情形,而应做出适度扩大解释,只要是必须本人处理的正当事由均可考虑纳入请假范围。其次,坚决杜绝不当上提请假审批的做法。实践中一些司法所为了避免风险,将辖区内所有社区服刑人员请假审批上提到司法局,人为增加审批的难度和时间,应予纠正。再次,民营企业社区服刑人员确因生产经营需要请假的,需提供相应材料如合同、车船票等一并审批,对于弄虚作假或先前有过脱管记录的严肃处理、从严审批。最后,加强事中监督,社矫工作人员应每天通过电话联系或电子腕带定位的方式与请假人员联系,实时掌握外出人员情况并提醒剩余假期等。

2. 精准帮扶执行"双八"制度。实践中有民营企业社区服刑人员对"双八"的执行"颇有微词",认为影响企业经营。但需要明确的是,"双八"制度是《社区矫正实施办法》的明文规定,不能因为是民营企业社区服刑人员而放松要求,基本的时限仍要保证。检察机关在社矫监督工作中,可以发挥法律专业优势,对企业转型发展、创新发展中出现的新兴产业、新型投资经营管理模式等新变化、新问题，及时提示可能存在的法律风险点和防范对策；联合各办案部门，结合具体案例开展释法说理和警示教育，高度关注容易诱发违法犯罪的高危岗位，提高民营企业依法经营意识和运用法律保护合法权益的能力；利用检察门户网站、微博微信、微电影等媒介，深入宣传解读党和国家加强民营企业保护的政策和法律法规，保护企业家创新精神，增强企业家信心。与此同时，联合司法行政机关既做“加法”又做“减法”，为民营企业社区服刑人员设计灵活多样的“双八”制度执行方式，实现精准帮扶。所谓的“加法”，是指尽量将“双八”放在集中的时间段内并提前告知，提升与企业经营和风险提示有关的教育及工作内容，让民营企业业主在自身接受矫正的同时也提高企业管理和风险防控水平。所谓的“减法”，是指杜绝在“双八”制度上的层层加码，特别是一些地区已施行的重点社区服刑人员学习、社区服务“双十六小时”等制度，确实影响到企业正常经营的应当及时叫停。

3. 沟通协调解决法人变更问题。《企业法人法定代表人登记管理规定》第四条规定，正在被执行刑罚或者正在被执行刑事强制措施的，不得担任法定代表人，企业登记机关不予核准登记。实践中，该规定的执行困难重重。由于民营企业的特殊性，出于办理贷款、特种行业备案和资质要求等方面的考量，导致企业一旦变更法定代表人将对企业发展造成致命打击，因此无论是民营企业社区服刑人员还是公司股东会均有相当的顾虑，甚至出现有的主管部门不同意变更的情形。在该条规定还未修改的情况下，建议以沟通协调的方式依法审慎处理。在面对民营企业实际困难时，应当给予企业一定期间的缓冲期予以应对、报备和招聘新的高级管理人才，减少企业法定代表人变动给民营企业带来经营、管理上的不利影响。社区矫正部门、检察机关可积极联系相关职能部门，充分向公司股东会或行业主管部门释法说理，动员其配合法人变更相关工作。

（二）以深化司法实践推动立法修改

1. 适时出台地方性实施意见。苏州地区民营企业的发展呈现较强的地域特征，如太仓的制造业需经常来往上海，吴江的纺织业需经常来往浙江，而张家港的民营企业则与无锡关联较多。然而，江浙沪三地在社区矫正工作中的执法尺度却有较大差异，《社区矫正实施办法》的配套地方法规规章和文件未做到互通互联。目前，国家正在推进长江三角洲区域一体化发展战略，合力推动发展示范区建设，江浙沪三地在省级层面可以对一些地方性法规、规章、规范性文件进行清理和统一，共同促进区域内民营企业的发展。在社区服刑人员请假、离开地和进入地的衔接管理等方面进行联合执法，给予确实因经营需要而往来于江浙沪的民营企业社区服刑人员更为宽松的活动范围和时间。在推进方式上，可以先从区县开始，如苏州市吴江区、上海市青浦区和浙江省嘉善县三地接壤、民营企业联系紧密，可在充分调研的基础上报经省级检察机关、司法行政机关批准，选取部分表现较好的民营企业社区服刑人员进行试点，允许其在三地活动只需报备而不用请假，在试点基础上总结经验、逐步推广。

2. 对法律法规规章及时修改完善。随着社会经济的发展,国家层面与社区矫正有关的法律、法规、规章某些条款已显露出滞后性,各地的执法也存在差异和困惑。如《社区矫正实施办法》中有关请假事由,苏州实践仅限于疾病或家庭重大变故,但上海则专门出台办法明确了结婚、诉讼、重大节日返乡探亲、生产经营需要等多个请假理由。在离开的范围上,苏州的县级市社区服刑人员不请假不能去市区,而上海则可在全市范围内流动。又如,《企业法人法定代表人登记管理规定》于 1998 年开始施行,至今已有 20 余年,其关于法定代表人的任职限制与《公司法》规定的对公司董事、监事和高管的任职限制也有所冲突。所以在立法层面上,建议尽快制定《社区矫正法》,对长期争议问题定分止争,同时对有关民营企业涉刑事案件的法律条文进行集中修改和清理,坚持平等保护原则,适度放开任职限制,保障民营企业健康发展。

3. 联合多部门定期调研。检察机关作为国家法律监督机关,对刑罚执行进行全程监督,对整个案件及涉案人员情况有着全面了解。对于被判处刑罚人员的民营企业,检察机关可以牵头联合多部门定期调研。首先,在检察机关内部,执检、刑检及民行部门可以组成走访调研小组,深入民营企业座谈交流,倾听、收集民营企业实际需求和意见建议,精准确定检察服务保障工作的方向、重点和具体举措。其次,检察机关可加强与公安、法院及工商联、行业协会的常态化联系,对于民营企业反映的共性法律问题和个案中存在的普遍性、倾向性问题,联合开展调查研究,主动进行法律服务和政策引导,为以后地方性实施意见出台、国家法律法规规章修改完善提供参考。

(三)以强化公正司法取得监督实效

1. 依法纠正不当查封扣押。实践中,有的司法机关为了案件办理需要采取了查封和扣押措施,一定程度上对企业经营造成影响,更存在不区分个人与企业财产以及案件判决后未及时解除查封扣押的乱象。民营企业的良好运行需要强大的资产支持和高效的周转效率,财产被查封、扣押直击了企业发展的“命门”。因此在社区矫正检察监督过程中,检察机关须善于通过集体谈话、个别走访、书面审查等方式充分收集此类案件信息,严格区分违法所得、其他涉案财产与合法财产,企业法人财产与个人财产,行为人个人财产与家庭成员财产,严查超权限、超范围、超数额、超时限查封、扣押、冻结涉案财产,发现不当查封、扣押行为的及时提出纠正意见,并监督落实。

2. 办理控告申诉减刑监督。最高人民检察院张军检察长要求,对收到的申诉,各地都要在 1 周内程序性回复,要求建立完善来信回复、办理和答复工作新机制,3 个月内完成实体性答复。具体到社区矫正检察中,一些民营企业社区服刑人员可能对原审判决、司法人员办案不规范、社区矫正工作不规范限制企业发展等诸多方面提出控告或申诉,需由检察官掌握第一手线索并及时移交控告申诉部门办理。检察机关可启动重大监督事项案件化办理机制,职能部门经审查后充分运用抗诉、检察建议等多种手段,加大对涉民营企业刑事案件和社区矫正工作的法律监督力度。《最高人民法院关于办理减刑、假释案件具体应用法律的规定》第十八条规定，被判处拘役或者3年以下有期徒刑，并宣告缓刑的罪犯，一般不适用减刑。前款规定的罪犯在缓刑考验期内有重大立功表现的，可以参照《刑法》第七十八条的规定予以减刑，同时应当依法缩减其缓刑考验期。缩减后，拘役的缓刑考验期限不得少于2个月，有期徒刑的缓刑考验期限不得少于1年。社区矫正中，民营企业主对该条规定不甚熟悉，主动提出或司法机关建议的凤毛麟角，只有苏州市吴江区等地有初步实践。故检察机关须加大宣传力度，鼓励民营企业业主举报犯罪、协助抓捕，特别是进行发明创造或者重大技术革新，以争取减刑。同时在有案件线索时及时督促司法行政机关依法审查，并向审判机关提请减刑。

3. 防范利用民营企业发展获取特权。在不断推进发挥社区矫正监督作用助力民营企业发展的同时，检察机关还需防范某些社区服刑人员利用民营企业发展这个理由“钻空子、搞特权”。目前注册公司取消了最低资本限制，门槛进一步降低，要防止一些人用企业经营发展作为逃脱社区矫正管理的“挡箭牌”。首先，日常监管过程中对于确因企业经营需要请假的，监督重点应放在企业实际经营状况、是否有真实业务往来、是否确实有业务须本人处理等方面。其次，注意甄别民营企业的成立时间，是否存在判刑后再注册成立公司并以此为由请假等现象。最后，严查社区矫正工作人员以助力民营企业发展为由对所有的请假等审批“宽进宽出”甚至徇私枉法、滥用职权乃至受贿等行为。

（四）以推动分类管理实现科学监督

从苏州的实践看，民营企业社区服刑人员大多为本地居民，有正当的工作、稳定的社会关系，有一定的受教育水平和经济实力，在接受社区矫正时也属于较好管理的人群。目前，社区服刑人员分类管理主要根据社区服刑人员的犯罪原因、犯罪类型、危害程度、悔罪表现、家庭及社会关系等情况，进行综合分析和风险评估，分别采取宽管、普管和严管三个级别管理。笔者建议，对民营企业社区服刑人员进行平等保护、综合评估、科学管理，如对于有禁止令的，务必对禁止令执行情况严格检察；对民营企业社区服刑人员的正当性需求，应予支持；社区矫正中精细监管，做到一人一档；通过设置积分制管理，积分较高的社区服刑人员可给予请假时限延长、次数增多等奖励措施，定期公示，接受监督。

略论公民个人信息的刑事司法认定

杜晓华*

摘要：准确认定侵犯公民个人信息犯罪基本事实的关键，需准确界定公民个人信息基本范畴和类别，在数量计算上确定统计基础，科学去重、去伪。对于不认定为侵犯公民个人信息犯罪的购买、收受行为，应当理解为责任阻却事由。

关键词：侵犯公民个人信息犯罪　公民个人信息　普通信息

公民个人信息与公民的权利息息相关，公民个人信息屡屡被泄露的问题越来越受到社会公众的关注。《刑法修正案（七）》将侵犯公民个人信息达到情节严重的行为规定为犯罪，《刑法修正案（九）》又将犯罪主体由特殊主体修改为一般主体，并增设从重处罚的条款。可见国家对公民个人信息的保护力度越来越大。然而，如何认定公民个人信息的基本范畴、类别、数量计算等问题在司法实践中依然存在认识分歧，影响定罪量刑，急需厘清。

一、公民个人信息基本范畴的认定

（一）公民个人信息基本范畴的法律依据和特征

我国《网络安全法》第七十六条明确规定："个人信息，是指以电子或者其他方式记录的能够单独或者与其他信息结合识别自然人的个人身份的各种信息，包括但不限于自然人姓名、出生日期、身份证件号码、个人生物识别信息、住址、电话号码等。"2017 年 6 月 1

---

* 杜晓华，江苏省无锡市梁溪区人民检察院第六检察部主任。

日起施行的“两高”《关于办理侵犯公民个人信息刑事案件适用法律若干问题的解释》(法释〔2017〕10号)(以下简称《侵犯公民个人信息解释》)第一条就规定:“刑法第二百五十三条之一规定的‘公民个人信息’,是指以电子或者其他方式记录的能够单独或者与其他信息结合识别特定自然人身份或者反映特定自然人活动情况的各种信息,包括姓名、身份证件号码、通信通讯联系方式、住址、账号密码、财产状况、行踪轨迹等。”这两个表述对“公民个人信息”的核心要件基本相同,只是《侵犯公民个人信息解释》把反映特定自然人活动情况的信息一并纳入公民个人信息的范畴。从上述规定可以看出公民个人信息有以下特征:一是信息与自然人直接相关;二是信息可通过一定方式记录;三是基于信息本身或结合其他信息可识别特定自然人身份情况、反映特定自然人活动情况;四是信息的表现形式多样。

(二)公民个人信息基本范畴内涵的认定

根据《侵犯公民个人信息解释》的规定,概括起来可以用“公民”“权利”“识别性”“多样性”来界定“公民个人信息”的基本范畴。

1. 关于公民个人信息之“公民”的认定。我国《宪法》规定:“凡具有中华人民共和国国籍的人都是中华人民共和国公民。”现实中,在我国活动的自然人除了我国公民之外,包括外国人和无国籍人。从平等刑法保护和刑事管辖主权的角度,一般认为,外国人和无国籍人的个人信息也应被纳入公民个人信息基本范畴。此外,死者的个人信息是否被纳入刑法意义上的公民个人信息范畴予以保护?张明楷教授认为,作为侵犯公民个人信息罪的行为对象“公民个人信息”不包含死者的信息在内。[①] 对此,笔者基本观点是死者的个人信息应当并可以被纳入公民个人信息范畴。虽然死者的部分个人权利消灭了,但基于其作为公民所产生的名誉权、荣誉权等部分人身权利并不当然消灭,理由是:第一,死者个人信息的保护既关乎本人,也关乎其在世亲属、后代的权利;第二,基于死者的部分人身权仍受法律保护的民法原则,死者的个人信息也不应当被排除在刑法保护之外;第三,把死者的个人信息排除出去在司法实践中也难以操作,逐一核实批量个人信息所针对的公民是否死亡无疑是不可能完成的任务;第四,司法实践中依法打击侵犯故去英烈名誉的案例在逝者权利保护上也做出了很好的诠释。

2. 公民个人信息与公民个人权利有关。《刑法》保护公民个人信息,实际上保护的是特定公民的权利,包括人身权利和财产权利。如果信息与受保护的特定公民权利的安全性没有关联度或者关联度极小,根据一般人判断并不会损害到公民权利,则该类信息不应当纳入公民个人信息范畴。当然,信息是否会对公民个人权利产生损害,应当以不同时期的社会公众可能预见的情况以及社会公众对信息的敏感度来认定。信息与公民人身安全、财产安全关联度越高,人们对它越敏感,该信息越重要,就越应当纳入公民个人

---

① 参见张明楷:《刑法学》,法律出版社2016年版,第921页。

信息范畴。

3. 公民个人信息对特定公民(自然人)具有识别性。既然公民个人信息与公民权利密切相关,它必然表现在公民个人信息对特定公民的识别性上。根据《侵犯公民个人信息解释》对公民个人信息的定义,识别性既可由信息自身体现出来,也可以结合信息来源或者特定活动等其他信息内容体现出来。笔者认为,具有识别性并不要求能够通过信息实际达到精确至人的程度。只基于一定目的和标准,达到识别该公民区别于其他一般人的身份或者从事的特定活动即可。有些信息表面看起来没有识别性,但结合生活常识或者特定使用目的,其识别性就会显现出来。以手机号码为例,仅有手机号码并不能识别特定公民的身份和活动,也不直接与公民个人权利相关,但如果结合其他信息可以明确系特定小范围群体的电话号码(如某学校某班级家长电话号码),对基于推销与教育相关的商品、服务或者类似特殊目的之使用者而言,非法获取使用这些号码,足以侵犯到手机号码持有人的隐私权、安宁权。这些电话号码所代表的某班级学生家长的身份就被特定化,信息具有了识别性,自然应当被纳入公民个人信息的范畴。

4. 公民个人信息形式的多样性。公民个人信息的形式是一个动态的、变化的内容,法律永远无法穷尽和列举所有形式。无论电话号码、QQ 号、微信号还是随着社会发展出现前所未见之信息形式,只要符合公民个人信息内涵的核心特征,就能够成为公民个人信息的一种形式。司法实践中,我们常常遇到这样一类信息:在售楼处看房的某先生、某女士所预留的电话号码。这种信息与完整姓名加电话号码实际上并无本质区别。基于地产推销目的,它反映了持有该号码的公民的看房活动,推销者直接可以有针对性地发送短信、广告甚至打电话联系等。这些信息同样具有识别公民特定活动的作用,应当被纳入公民个人信息范畴。

二、公民个人信息类别的认定

不同类别的个人信息与公民权利相关的程度不同,信息对于公民的重要程度不同,公民对信息的敏感度(被泄露的容忍度)不同,刑法保护的强度也不相同。我国司法解释对于侵犯公民个人信息犯罪采取信息分类的方法,以确定不同的打击力度。公民个人信息的类别比较明确的规定见于《侵犯公民个人信息解释》,该解释第五条划定了十项侵犯公民个人信息"情节严重"的标准。其中第一、二项及第六项至第九项争议较少,第十项乃是兜底条款,毋庸多议。第三项至第五项采取了列举的方式划定情节严重标准:第三项规定非法获取、出售或者提供行踪轨迹信息、通信内容、征信信息、财产信息 50 条以上;第四项规定非法获取、出售或者提供住宿信息、通信记录、健康生理信息、交易信息等其他可能影响人身、财产安全的公民个人信息 500 条以上;第五项规定非法获取、出售或者提供第三项、第四项规定以外的公民个人信息 5000 条以上。由于上述规定采用了列举概念的方式,对涉及概念的内涵外延、列举等内等外的问题注定会产生争议。比如,财产信息的外延多大？轨迹信息的详细程度？可能影响人身、财产安全的公民个人信息外延多大？

（一）行踪轨迹信息、通信内容、征信信息、财产信息的界定

之所以该类信息50条就达到追诉标准，原因在于其与公民个人最重要的权利息息相关，具有高度的敏感性。司法解释没有使用"等"的字眼，司法实践就不能突破该四种信息范围而把其他信息纳入这一类别。其中轨迹信息主要指公民的基本活动范围，活动路线、活动地点等适时的或者经常性的信息，通过该信息可以掌握公民的行踪。通信内容信息表现为各种通信通讯手段所记录的通信人之间交流的内容。征信信息是经过征信管理部门认定的反映公民个人征信情况的内容。财产信息则比较广泛，顾名思义，它是反映公民财产状况的信息，包括完整或部分的银行存款、理财产品、投资、保险、购买房产等与公民财产状况有关信息。如公民在某个银行的存款记录、购买某套房屋的记录等。实践中，某些房产中介会持有并相互交换包括小区房屋住户的姓名、身份证号码在内的身份证信息、房屋门牌号、房屋面积、交易价格等房产登记需要的信息。对这些信息的判断认定，需要找到一个质的区分标准（与信息量的大小无关），谨慎认定。如果信息能够反映出某个公民特定的购买房产的活动，一旦泄露，可以直接窥知公民的财产状况，应当认定为财产信息，反之则应当认定为其他类别的信息。

（二）住宿信息、通信记录、健康生理信息、交易信息等其他可能影响人身、财产安全的公民个人信息的认定

此类信息对于公民权利的重要性和敏感度比上述第一类信息相对低些。司法解释在列举此类信息时给出了"等"的字眼，该列举规定当属"等外等"，即除了列举的几种信息外，重要程度和敏感度达到与列举信息同等程度的信息，应当认定为属于500条追诉标准的信息。此类信息的范围相对开放，可由司法人员斟酌、裁量，但信息可能对公民人身、财产安全产生负面影响的核心特征不变。实践中，能够据以了解公民财产、行踪情况、与公民权利直接相关的其他隐私但不宜纳入第一类范围的信息均可以认定为第二类信息，如公民住址、工作单位、房产所在位置、家庭成员情况、身份证内容等信息。①

（三）其他普通信息的认定

司法解释把5000条普通公民个人信息作为构成侵犯公民个人信息罪的追诉标准，实践中认定该类信息方法主要是把握公民个人信息的核心内涵，首先确定某种信息属于公民个人信息，其次排除合法公开信息、单位信息、无识别性的信息。需要说明的是，并非所有公开的信息都当然被排除在侵犯公民个人信息犯罪对象之外。非法公开的公民

---

① 现行《居民身份证法》第十三条规定有关单位及其工作人员对履行职责或者提供服务过程中获得的居民身份证记载的公民个人信息，应当予以保密。第十九条、第二十条规定了国家机关或者金融、电信、交通、教育、医疗等单位的工作人员以及人民警察泄露上述信息的罚则。这说明身份证信息依法受到严格保护。

个人信息虽然处于公开状态,但擅自记录、编辑并提供给他人属非法行为之后的非法行为,这样的信息应当纳入公民个人信息范畴。

普通公民个人信息的形式较一、二类信息更为广泛,更加无法一一列举,司法人员应当结合刑法的立法说明、司法解释给出的公民个人信息的本质内涵以及社会经验法则进行理解,慎重入罪。

三、公民个人信息的数量计算

有了标准如何计算也是司法实践中经常遇到的问题。《侵犯公民个人信息解释》给出了基本方法。该解释第十一条规定:"非法获取公民个人信息后又出售或者提供的,公民个人信息的条数不重复计算。向不同单位或者个人分别出售、提供同一公民个人信息的,公民个人信息的条数累计计算。对批量公民个人信息的条数,根据查获的数量直接认定,但是有证据证明信息不真实或者重复的除外。"

问题是如何确定公民个人信息的条数?尤其第三款的规定易在操作层面引起争议。司法解释考虑到打击侵犯公民个人信息犯罪的司法效率,以及批量信息往往面广量大,根本无法一一核实其真实性的实际问题,而给出了较为简单的操作方法,但在实践中操作仍存在一定困难。该规定对司法人员而言存在极大的未知风险,如果辩方经海量求证后,证明有重复或不真实信息存在,影响罪与非罪或者罪轻罪重,哪个司法人员会冒这样的险呢?有证据证明信息不真实或者重复的举证责任在控方还是辩方,也是需要解决的问题。

(一)公民个人信息数量的统计基础

要解决公民个人信息数量的计算问题,首要解决统计基础,即以什么参照内容为基础进行统计。实践中,很多公民个人信息以文字、数字组成的表格的形式出现,有的信息中还会包含多个公民的姓名。笔者认为,公民个人信息的核心是人的信息,侵犯的是人的权利,自然应以人作为统计数量的条数单位基础,即以对应有相关信息的自然人作为计算公民信息数量的基本单位。如一套房屋的所有信息中含有 2 名共有人的姓名、性别、身份证号码、住址、手机号码,可以认为系 2 位公民的信息内容,应当认定为 2 条公民个人信息。

(二)去重和去伪的方法选择

批量公民个人信息往往面广量大,几千、几万甚至几十万条信息非常常见,在没有任何线索的情况下,去重和去伪对于司法人员而言是非常困难的,而实践中司法人员却不得不经常面对犯罪嫌疑人、被告人、辩护律师提出信息有重复、有虚假的抗辩。对此,不外乎有三种意见:第一种意见认为,在抗辩者没有确实充分的证据证明信息重复或虚假的情况下直接不予采纳;第二种意见认为,只要被告人、辩护人提出抗辩而公诉人无法证明或证伪的情况下就应当剔除;第三种意见认为,犯罪嫌疑人、被告人抗辩应当提出初步

证据或有针对性的线索,侦查机关或公诉人以此为线索查证决定是否扣除。笔者同意第三种意见,理由如下:

我国《刑事诉讼法》第五十一条明确规定,公诉案件中被告人有罪的举证责任由人民检察院承担。由辩方承担证明信息重复或虚假的举证责任不符合法律规定,但也并非只要提出抗辩就不认定信息或认为证据不足。实践中,一是可以借鉴非法证据排除的方法,抗辩者需要提出初步证据或有针对性的线索,比如指出哪部分信息重复或虚假,漫无边际的辩解不应予以采信;二是控方主动通过抽样取证的方法重点查证;三是结合行为人出售或非法提供信息的使用目的、接受方使用情况、是否存在退回信息或索赔等情况的言词证据及相应客观证据综合判断;四是结合生活常识、基本技术规则予以判断,如批量公民电话号码信息出现空号、不同时间段注销号码并不当然说明该公民信息的虚假。

(三)公民个人信息的折算

把不同类型的信息进行折算是精细化司法的表现,但折算必须满足一定前提条件。《侵犯公民个人信息解释》第五条在认定的追诉标准——"情节严重"以及量刑升档标准——"情节特别严重"时,均规定采用按比例合计达到相关数量标准的方式,把三个类别的信息按照 1∶10∶100 计算,以确定是否达到追诉刑事责任的标准和量刑升档的标准。需要说明的是对同宗公民个人信息应当避免重复计算。

(四)排除部分信息入罪的责任阻却事由

司法解释以负面清单的方式,把为合法经营活动而非法购买、收受第三类普通公民个人信息排除在犯罪之外。运用三阶层理论理解司法解释做出这样的安排,乃是因不具有期待可能性而对上述行为作了出罪的特殊解释。从判断步骤来说,在讨论违法性要素之后,讨论违法阻却事由,在讨论有责性的要素之后,讨论责任阻却事由,才是合适的。[①] 所以,可首先基于刑法条文确认非法购买、收受公民个人信息的行为具有客观的违法性,再对为合法经营而实施该行为不进行刑法上的非难。在讨论这个问题时,笔者无意评价司法解释的价值导向,仅就司法认定上的理解略作阐述。

1. 严格限制为"合法经营活动"而非法购买、收受公民个人信息行为的出罪范围,应按照负面清单的思维做出理解,在司法解释给出的限制出罪范围之外考虑。即一、二类信息不符合出罪条件,获利超过规定标准不符合出罪条件,因侵犯公民个人信息受过刑事处罚或者 2 年内受过行政处罚而又非法购买、收受公民个人信息不符合出罪条件,有其他严重情节不符合出罪条件。在这个负面清单之外方可考虑出罪。

2. 必须符合为"合法经营活动"的条件。所谓合法经营活动,是行为人须具有合法经营活动的资格,经营活动本身必须符合法律规定。没有合法经营活动资格或目的是非法经营活动的不能出罪。对于那些个人非法购买、获取公民个人信息后非法使用信息"接

---

① 参见张明楷:《犯罪构成体系构成要件要素》,北京大学出版社 2010 年版,第 108 页。

单”，再介绍给有合法经营资格的人员、单位以获取利益，因其没有合法经营资格，行为本身不具有合法性，不能出罪。

3. 为其他合法活动而非法收购、收受公民个人信息的行为应当出罪。《侵犯公民个人信息解释》对为“合法经营活动”而非法购买、收受公民个人信息的行为作了出罪的规定。同样举重以明轻，从侵犯公民个人信息主观恶性的相当性角度理解，如果为了合法的慈善、环保等公益活动而非法购买、收受公民个人信息的，应当出罪。

4. 既有为合法经营活动而非法购买、收受公民个人信息，又有非法出售、提供的行为均应予以入罪。《侵犯公民个人信息解释》强调实施前一行为后又将公民个人信息非法出售或者提供的行为属于侵犯公民个人信息行为。行为人前后两个行为中的后者侵犯公民个人信息的性质毫无争议。然而，笔者认为，司法解释并非多此一举，行为人实施前后两个行为，说明其行为目的具有双重性，单纯的合法经营目的不复存在，应当确认其前行为目的的非法。所以，对行为人购买、收受的信息数量即使大于非法出售、提供的数量，其非法购买、获取的数量应和非法出售、提供的公民个人信息数量按照同宗信息去重后，一并计入侵犯公民个人信息的数量之中。

检察院和监察委在基层衔接机制路径探析

江苏省南京市玄武区人民检察院课题组*

摘要：新《刑事诉讼法》从法律上规范了"监察案件"向"刑事案件"转变，但建立"权威高效"监察体制，还需要加大内外部尤其与检察机关的有效衔接。两机关定位、职能、价值、需求的关联性，决定衔接的必要性、长期性，只有坚持平等、对等、效率、证据裁判、互相制约等原则，聚焦监督业务和工作机制，构建规则之下的衔接，才能实现高效持久的协作目标，同时达到配合协作方实现双赢、多赢、共赢效果。

关键词：检察院　监察委　衔接机制　基层

建立监察委员会和司法机关的协调衔接机制是时代命题。2018 年 10 月 26 日通过的《刑事诉讼法修正案》，吸纳国家监察体制改革试点中好的做法，解决不少急需明确衔接的问题，从而使监察委调查的职务犯罪案件能够顺利进入刑事诉讼程序。但是，搭建了"四梁八柱"的国家监察体制还有大量工作需要弥补，新《刑事诉讼法》修订主要任务是对接监察法实施，调整检察院职务犯罪侦查范围，但并没将与司法机关衔接放到修法首要任务，[①]没有达到《监察法》明确要求那样——首先做好与检察机关衔接。因此，需要深化对两者衔接机制研究，才能更好地保障与落实国家反腐败斗争战略部署。

一、两机关衔接的必要性和长期性

1. 角色定位上具有互交性。我国《宪法》第一百二十三条、第一百三十四条分别规定两机关性质、宪法定位，《监察法》第三条和新修订的《人民检察院组织法》第二条对各自

---

* 课题负责人：江苏省南京市玄武区人民检察院党组书记、检察长倪一斌；课题组成员：江苏省南京市玄武区人民检察院副检察长张前、员额检察官韩立勇，大成律师事务所（南京）副主任仇连明。

① 中国法治反腐司法研究中心主任吴建雄在 2018 年第 4 期《国家行政学院学报》刊载《监察与司法衔接的价值基础、核心要素与规则构建》一文认为，《刑事诉讼法》与《监察法》相比处于"从属地位"，言下之意即此。

机关定位和职能再次确认和细化,权力属性都是混合型,①共同具有主动性。② 尤其监察委履行监察权的措施和手段就涵盖了行政权、检察权、司法权的行使方式,拥有"集党纪监督、行政监督与法律监督权于一体"的监察权,属于整体和混合监督权的范畴,是监督机关。

2. 职能行使上具有关联性。一是监察委部分职能具有传承性。根据中共中央第十九届三中全会通过《中共中央关于修改宪法部分内容的建议》、2018 年 3 月 20 日第十三届全国人大第一次会议上通过的《宪法修正案》和《监察法》,表明监察委在国家宪法和法律层面上得到确立,其调查职能在查处腐败上实际对接《刑事诉讼法》,承接原检察机关侦查职能。二是部分职权具有交叉。新《刑事诉讼法》第十九条改变原来内容,保留检察院部分侦查权。2018 年 11 月 24 日最高人民检察院出台《关于人民检察院立案侦查司法工作人员相关职务犯罪案件若干问题的规定》,明确了 14 个罪名可以侦查,需要双方对接,防止出现互相推诿或者争抢立案的情形。三是部分职权行使相互连接。根据《监察法》第十一条规定监察委员会有监督、调查、处置职责,其中调查对象是涉嫌贪污贿赂、滥用职权、玩忽职守、权力寻租、利益输送、徇私舞弊以及浪费国家资财等职务违法和职务犯罪,调查终结有罪案件均需要移送检察机关审查起诉并决定提起公诉。

3. 价值追求上具有同向性。国家监察体制改革就是把分散的反腐败力量整合,推动"构建集中统一、权威高效的中国特色国家监察体制"。高效的前提就是要建立相互衔接机制,做到《监察法》第四条规定的"互相配合、互相制约"。对此,中共中央纪律检查委员会(以下简称纪委)、国家监察委在探索"纪法衔接"机制的基础上,又开展"法法"衔接工作,于 2018 年 4 月以国监办发〔2018〕1 号文件出台《国家监察委员会与最高人民检察院办理职务犯罪案件工作衔接办法》(以下简称《衔接办法》)。

4. 现实问题上具有紧迫性。新《刑事诉讼法》和各级会签的文件基本解决"监察案件"向政务处分和"刑事转化"的处置要求,但是由于衔接内容庞大,不仅涉及内部党纪与法纪衔接,还涉及与司法、行政执法机关之间的衔接,签订的衔接协议还远没有涵盖实践发展的需求。例如,在立案方面,尽管新《刑事诉讼法》和《监察法》没有将监察委工作人员实施"非法拘禁、刑讯逼供、非法搜查等侵犯公民民主权利、损害司法公正的犯罪"纳入监察机关立案范围,但是,发生此类案件如何处理,需要研究对接,做到监督用权"全覆盖"。故而,事实认定、证据采纳、程序使用、量刑处置等一系列问题,都需要监察委和检察院对接好,形成依法反腐败、高效反腐的工作合力。

---

① 樊崇义认为监察委仅调查权限有三个属性:监督性、行政性和司法性。参见樊崇义:《全面建构刑诉法与监察法的衔接机制》,载《法治论坛》2018 年第 6 期。

② 检察机关是三大诉讼法律监督的启动者,新赋予的公益诉讼明显具有主动调查职能,同监察委主动性相一致。

二、两机关衔接所要坚持的原则

1. 平等原则。从法律架构上来看,监察委与检察院、法院的地位是平等的,在拥有的调查权、审查起诉权、审判权方面应当是平等的,是一种权力平面化的结构关系。因而,在相互衔接上,首要的是坚持平等原则。作为拥有法律监督权的检察院,有权对监察委移送的案件进行审查,做出是否批准逮捕、是否退回补充调查、是否提起公诉的决定,以此在"互相制约"中实现反腐效果。

2. 证据裁判原则。监察委员会是一个"法治机关",[①]《监察法》第三十三条第二款规定:"监察机关在收集、固定、审查、运用证据时,应当与刑事审判关于证据的要求和标准相一致",该法第四十五条又规定:"监察机关经调查认为犯罪事实清楚,证据确实、充分的,制作起诉意见书,连同案卷材料、证据一并移送人民检察院依法审查、提起公诉",这表明监察案件移送审查起诉的标准与刑事诉讼定罪标准是一致的。那么,在具体对接监察委调查职务犯罪案件中,无论是检察机关提前介入、不批准逮捕,还是退回补充调查,不是以哪个机关意志行事,而是基于证据裁判原则,共同确立"以审判为中心"的理念,解决好相互衔接中出现的矛盾与分歧。

3. 效率原则。2018 年 4 月出台的《衔接办法》以及纪委、国家监察委、最高人民检察院联合通知,均把"建立权威高效、衔接顺畅的工作机制"作为两者衔接的目标,从而实现"法法"衔接。为此,上述工作衔接办法从以下三方面作了部署:一是规定监察委员会调查职务犯罪流程与刑事诉讼讯问要求相同,在取证方法、手段以及证据采用采纳上符合《刑事诉讼法》要求,保证后续流转的高效;二是监察委内部案件审理等衔接规定;三是规定案件移送、提前介入、采取留置措施案件提前通知、异地起诉指定管辖、发现职务犯罪线索报送转交、不起诉案件复议答复等期限以及流程要求,同时对不起诉案件涉案财物的处理要求事先沟通监察委,凸显了效率原则。

4. 互相制约原则。相互衔接机制的建立无疑有利于增强国家反腐败工作合力,对公权力使用者包括法院、检察院工作人员廉洁公正用权有促进作用。但是,监察委和纪委合署办公,显然在党政"话语权"举足轻重,同时其他机关有紧密协助配合的"政治义务",很容易导致监察案件在认定的犯罪事实上具有预设效力,架空检察机关审查、起诉"过滤"功能,甚至职务犯罪案件出现凌驾法院之上的"超级原告",[②]破坏刑事诉讼的基本构造。[③] 为防止出现调查、审查起诉、审判走"过场"的先定后审,应在相互衔接机制中体现制约原则。

---

① 参见陈卫东:《中国刑事诉讼权能的变革与发展》,中国人民大学出版社 2018 年版,第 269 页。

② 中央确定"以审判为中心"司法裁判原则,就是对原来强势公安侦查为中心做法的改造,防止与减少"起点错,跟着错,错到底"冤假错案,从监察委架构与职权比公安更强势的权力看,更易产生"超级原告"。

③ 参见陈瑞华:《审判中心主义改革的理论反思》,载《苏州大学学报》(哲学社会学版)2017 年第 1 期。

三、基层两机关衔接机制的构想

(一)衔接的主要业务内容

经过初步梳理,主要应从以下几个方面开展衔接、配合:

一是案件线索与案件的移送。拟移交监察委员会举报线索的主要类型及移交的依据,包括通过信访举报渠道、办理案件或工作中发现的涉及职务犯罪或者违法的线索;监察委员会移送检察机关线索的主要类型及依据,主要包括涉及公益诉讼方面的线索及立案、抗诉案件线索。探索建立规范高效的案件移送机制,在实现执纪与执法的无缝衔接的同时,做好职务犯罪案件移送,实现"法法"衔接。为防止涉嫌职务犯罪案件流于违纪处理的现象,应当规定对涉嫌职务犯罪的案件强制移送检察院审查起诉,具体标准参照最高人民法院相关定罪量刑司法解释,监察委应当建立上级内部查控机制,必要时异地交叉评查,并纳入考核体系,防止案件通过内部事先请示而消化。对于没有移送的事项(人员与案件),如果严重影响其他职务犯罪案件定性办理的,应建立案件移送的救济和保障制度,检察机关可以通过制发检察建议或向上一级监察委员会通报的方式督促移送,避免渎职行为发生。

二是强制措施变更的衔接。《监察法》没有安排检察机关提前介入、引导调查职能,案件直接交给检察院公诉部门审查提出诉讼,对移交的案件受理部门立案是否审查,还是移送公诉审查决定后受理,这是检察内部协调事宜,最为关键的是与监察委统一标准。受理的同时面临两件事项:(1)强制措施变更的对接。取保候审(非留置状态)相对简单,对于留置转换逮捕的,新《刑事诉讼法》第一百七十条增加规定"先行拘留",从实践做法①与要求看,与受理案件同步进行、同步实施,但期间缺少检察机关审查等环节,法律规定较为"突兀",需要进一步确定强制措施决定和规范执行的流程。同时该条第二款规定"人民检察院决定采取强制措施的期间不计入审查起诉期限",显然决定拘留也是采取强制措施,对于没有接触过移送案件的检察机关来讲,要么法律设计受理案件时预留采取拘留的审查期限,要么提前介入职务犯罪调查。从强制措施使用的法律规定性看,目前较为妥当是提前介入,预先了解案件。(2)证据不足或者存疑需要补充调查的问题。《衔接办法》规定退查案件不需要移交已经羁押的犯罪嫌疑人,需要调查谈话的由检察机关派员协助。同时还有解除强制措施、变更决定强制措施等对接与执行,需要进一步细化规定。

三是重大案件、事项提前介入的衔接。《衔接办法》第二条有监察委商请检察机关提前介入的相关规定,在此基础上,还应明确一系列提前介入的具体范围、适用对象、提前介入时机、方式和出具意见,因为对案件管辖、难易程度、涉及案件秘密等不同,需要介入事项的需求也不同,应因地制宜、分类制定,具体可以借鉴对公安机关重大事项听取检察

---

① 据笔者了解,江苏南京、盐城等地县区 2018 年 10 月 26 日以后移送起诉的案件均要求受理与拘留同步。

机关意见的规定。对于需要检察机关做出逮捕的案件，笔者建议纳入必须介入范围，及早研究、共同应对，以防止因案件重大复杂或者分歧较大导致出现错误批捕和国家赔偿等问题。这类案件提前介入的时间可以与监察委审理介入调查同步，也可因监察委对案件调查需要提前至案件调查阶段，如探索在留置程序启动之时就介入引导调查。

四是程序适用的衔接。这里着重讨论常见的程序性适用问题，主要表现在交叉案件的立案以及遗留案件处理、证据适用、认罪认罚从宽、缺席审判、款物处理等衔接问题，而每个方面都可以细化研究。

第一，关于交叉案件和遗留案件的衔接处理。在 14 个罪名均有侦查、调查权力基础上，需要两机关对司法改革实行人员分类管理后对司法工作人员的界定、案件线索共享、案件初查、哪个单位立案还是采用联合办案方式等作出规定，尤其在没有及时立案查处下规定监察委负责人具有召集做出决断权，以防止相互推诿、延误办案时机。对于转逮前立案外逃人员的查处，由于全国人大终止检察机关职务犯罪侦查权和新《刑事诉讼法》只赋予司法工作人员对 14 个罪名的侦查权，据此，这些案件原则由监察委调查，检察院协助办理，应改变实务中“新官不理旧案”的错误做法。

第二，关于证据适用的衔接。首先，贯彻证据裁判原则，树立监察案件的证据接受诉审机关审查的理念。监察委调查人员不能有监察证据是当然的定案依据的观念，检察院不能因为是政治机关做的“菜”，不加“把关”“过滤”，一路绿灯，如果因为证据不确实、不充分导致或退回补充调查，或作为非法证据被排除，反而影响反腐败衔接的效率。① 其次，没有规定在《监察法》证据类型的被害人陈述，在实践中需要纳入《监察法》第三十三条“等”的理解，并在审查起诉环节进一步询问复核，固定证据作用和案件的性质。最后，对于非法证据排除，一方面，《监察法》《刑事诉讼法》均做出要求，需要在不同阶段对应不同法律适用，尤其对必须出庭对证据收集的合法性做出说明案件，监察调查人员应当有出庭说明义务。另一方面，监察调查的录音录像证据是否移送的问题在实践中也比较多见。由于在留置措施下的调查具有高度封闭性的特点，为了使在这种条件取得的证据经得起核查，笔者建议，当前对犯罪嫌疑人、被告人提出非法证据排除的，应当就该部分出示法庭，解除公众和诉审人员的疑惑。

第三，关于认罪认罚从宽处理的衔接。《监察法》第五条规定“惩戒与教育相结合，宽严相济”的处理原则，新《刑事诉讼法》修订一大亮点就是将“认罪认罚从宽制度”写入法律。对于认罪认罚的职务犯罪人员从宽可以从强制措施上采取非羁押性措施，监察委移送留置的可以改变措施，采用非羁押的取保候审等，也可以采用速裁程序、简易程序办理，增加办案效率，减少不必要的羁押，这些需要两家做出相互衔接，尤其检察院需将该

---

① 参见潘金贵、王志坚：《以审判为中心背景下监察调查与刑事司法的衔接机制研究》，载《社会科学研究》2018 年第 6 期。

改变羁押的决定事先做好沟通。同时对被告人当庭翻供如何处理，也要从调查与起诉做好制度衔接安排。

第四，关于缺席审判和涉案款物处理的衔接。《监察法》第四十八条和新《刑事诉讼法》第二百九十一条至第二百九十七条新增加没收和缺席审判程序，无疑对打击逃匿或者死亡的贪污贿赂、失职渎职等犯罪具有强大威慑作用。《监察法》第四十六条规定："监察机关经调查，对违法取得的财物，依法予以没收、追缴或者责令退赔；对涉嫌犯罪取得的财物，应当随案移送人民检察院。"检察机关审查做出不起诉处理决定的，或者不构成职务犯罪，或者监察委作撤销案件处理的，均需将涉案财物退回监察委处理；对于构成犯罪的或者单独提出没收违法所得的，移送法院依法裁判。

（二）建立衔接机制

1. 建立工作衔接的组织体系。建立两个机关衔接领导小组，规定相对固定成员，指定各自对接机构——案件管理部门，开展日常工作，就案件线索相互移送、重大事项协商、联席会议召开以及上述各项业务衔接等工作及时沟通对接，及时组织实施，并将落实情况各自上报机关负责人，便于快速决策，形成各自开展工作尤其反腐败斗争的合力。

2. 建立衔接的工作机制。一是建立移送机制。完善检察机关内部原有的协作配合机制，对发现可能存在职务犯罪的公职人员线索，应及时移送调查。同时监察委查处公职人员，多涉及损害国家或者公共利益，应加大移送力度，实现检察院公益保护的目的。二是协商通报机制。首先是重大事项通报的制度。例如，对于需要改变案件管辖权的通报，做出不起诉案件的事先沟通。三是提前介入制度。例如，采取逮捕强制措施、听取检察机关意见的重大案件均需要提前介入。四是建立业务联席会议机制。通过召开联席会议，互相交换和工作有关的信息、数据等，对社会关注度较高的案件、重大事项、重大疑难问题进行风险研判、业务会商。五是案件公开发布或者舆情防范机制。《监察法》第三十九条规定犯罪或者严重违法的从立案向社会发布，后期检察机关落实检务公开或者案件调查中出现舆情的，在信息发布前应沟通一致，避免不同信息引起公众误解。

3. 利用技术手段建立信息互通平台。目前，两机关的办公办案系统信息相对封闭，案件信息流转多是各自内部垂直流动的，而对每个终端而言，难以获取横向对方的信息。这样的信息平台难以适应协作配合机制长远、高效运作的要求，改变现阶段两者之间的沟通联系主要依靠召开联席会议、书面或电话沟通等线下方式，只有着眼智慧协同平台建设，尤其监察委案件系统初建中，要开发预留平台共享接口，组建横向案件信息流动移送体系，以便尽早融入建中的政法大平台系统，做到共联共通共享，以信息化提升办案效率。

4. 注重衔接机制的执行力。一是建立正向考评激励。建立合理的考评和协作激励机制，改变单项协作配合思维，尊重不同部门职能和关注侧重点，通过修正建立现有的绩效考核规则，提升协作配合效率和效果，防止由于协助“剩余价值”利益格局严重不均衡，导致配合没有达到制度设定效果。二是强化制度共同体建设，尤其在业务探讨过程中注重职业共同体的法治文化构建，平和、理性、协作对待案件认识分歧，维护机关协助配合间信任，以此来降低“法法衔接”机制的运行成本，只有这样才能发挥出配合的激励作用。

检察机关立案侦查司法工作人员渎职犯罪相关问题研究

夏琪斌　秦建军　刘合臻*

摘要：根据修改后的《刑事诉讼法》，检察机关可以对司法工作人员实施的14类渎职犯罪案件自行立案侦查。在认识层面，应当厘清"司法工作人员"的范围，辨析不同类型犯罪的特点，准确把握认定标准。在实务层面，需要针对当前自侦工作中的困难和障碍，从经营职务犯罪线索、培育专业化自侦队伍、整合诉讼监督资源、强化上下级协作等方面着手，对新形势下的检察机关自侦办案模式进行改进与完善。

关键词：司法工作人员　渎职犯罪　自行侦查

随着法律对社会调整功能的加强和法治权威的逐步确立，司法机关在规范秩序、定分止争等方面的作用日益显现，也成为新的职务犯罪高发地带。① 根据2018年10月修订的《刑事诉讼法》，检察机关可以对司法工作人员实施的14类渎职犯罪案件自行立案侦查；2018年11月，最高人民检察院出台《关于人民检察院立案侦查司法工作人员相关职务犯罪案件若干问题的规定》（以下简称《规定》），明确和细化了相关工作要求。当前，依法查办司法渎职犯罪，是促进司法公正、根除司法腐败的重要途径。检察机关认真研究司法渎职犯罪的特点，严肃查处司法工作人员职务犯罪，对于提升法律监督水平意义重大。

---

* 夏琪斌，江苏省海安市人民检察院党组书记、检察长；秦建军，江苏省海安市人民检察院副检察长；刘合臻，江苏省海安市人民检察院检察官助理。

① 参见李鹏、齐永超：《查办司法工作人员职务犯罪案件对策》，载《人民检察》2009年第18期。

一、关于司法工作人员主体身份的认定

(一)认定司法工作人员应当以承担司法职责为标准

我国1997年《刑法》第九十四条将司法工作人员定义为:“有侦查、检察、审判、监管职责的工作人员”,2002年全国人大常委会通过的《刑法修正案(四)》中,新增了“执行判决、裁定失职罪”和“执行判决裁定滥用职权罪”,实际上将负有执行职责的人也纳入了司法工作人员的范畴。由法律条文中的“职责”一词可以发现,立法上以是否承担司法职责作为标准,判断犯罪行为人是否属于司法渎职犯罪的主体范围,这有别于以身份、职务等标签来定位司法工作人员的范围。修改后的《刑事诉讼法》第十九条第二款规定:“人民检察院在对诉讼活动实行法律监督中发现的司法工作人员利用职权实施的非法拘禁、刑讯逼供、非法搜查等侵犯公民权利、损害司法公正的犯罪,可以由人民检察院立案侦查。”法条中用“利用职权实施的”相关犯罪,进一步限定具有某种身份的人的犯罪,赋予检察机关以管辖权,由此可见,“职责论”的立法基点是十分明确的。

(二)“司法工作人员”并不等同于“司法机关工作人员”

“司法工作人员”与“司法机关工作人员”是不同的两个概念,这类似于“国家工作人员”与“国家机关工作人员”的区别。一方面,在司法机关中从事公务的人员不必然是司法工作人员,仅当其具有侦查、检察、审判、监管、执行职责时,才属于司法工作人员,从而排除了后勤保障、综合管理等工作人员。① 以司法专业技术人员为例,其工作性质是提供技术检验鉴定结论,作为案件定罪量刑的证据使用,因此如果其故意作虚假鉴定,更符合刑法关于伪证罪的规定,而不应以司法渎职犯罪定罪处罚。另一方面,即使是不具备警察、法官、检察官等资格,但通过临时聘用等方式依法享有司法职权的人员,也可以认定为司法工作人员,否则便无法有效规制这部分人的刑讯逼供等犯罪行为。因此,以职责说为出发点,对司法工作人员的范围做出扩大解释,属于一种实质合理性战胜形式合理性的法律解释态度。②

(三)实践中几类特殊人员的认定

1. 人民陪审员属于司法工作人员。人民陪审员属于被邀请参与案件审判活动的人员,负有审判职责。2018年4月起施行的《人民陪审员法》第二条第二款规定:“人民陪审员依照本法产生,依法参加人民法院的审判活动,除法律另有规定外,同法官有同等权利。”即有权参与法庭调查、发表意见,影响甚至决定案件的处理结果。此外,根据2002年全国人大常委会发布的《关于〈中华人民共和国刑法〉第九章渎职罪主体适用问题的解释》,在人民法院履行公务的人员,无论是否在编制中,有渎职行为构成犯罪的,依法追究刑事责任。因此,人民陪审员属于司法渎职犯罪的主体。

---

① 参见刘阳、秦新承:《司法类渎职犯罪主体研究》,载《犯罪研究》2016年第1期。

② 参见张明楷:《刑法新问题探究》,清华大学出版社2003年版,第386页。

2. 人民监督员属于司法工作人员。2018 年 10 月，修订后的《人民检察院组织法》第二十七条规定："人民监督员依照规定对人民检察院的办案活动实行监督。"需要说明的是，目前对监察委调查终结移送检察机关的职务犯罪案件的逮捕、公诉程序，最高人民检察院未要求沿用原职务犯罪案件中的人民监督员制度，但对自侦案件《规定》则重申了要接受人民监督员的监督。实践中，人民监督员被赋予了一定的司法表决权，故其在对案件实行监督的过程中，也存在故意违背事实和法律作枉法追诉的表决意见，并最终被检察机关采纳的可能性。因此，人民监督员受检察机关委托从事职务犯罪案件监督期间，应视为司法工作人员。

3. 仲裁人员不属于司法工作人员。仲裁和审判虽然都是解决合同纠纷和其他财产权益纠纷的法律形式，但是仲裁机构不同于法院，仲裁职责也并非审判职责的应有之义，仲裁人员的身份和地位有别于行使公权力的国家工作人员，其不属于司法工作人员。2006 年《刑法修正案(六)》增设了"枉法仲裁罪"，即"依法承担仲裁职责的人员，在仲裁活动中故意违背事实和法律作枉法裁决，情节严重的，处三年以下有期徒刑或者拘役；情节特别严重的，处三年以上七年以下有期徒刑"。很显然，该罪名也不在检察机关自行侦查的 14 类犯罪之列。①

二、关于 14 种司法渎职犯罪的分类

司法职务犯罪在实践中的表现形式多种多样，对于《规定》所列举的 14 种犯罪，依据不同的标准可作不同的分类。分类的意义在于，通过了解不同类型犯罪在犯罪主体、主观罪过、行为方式等方面的不同特点，有利于在实务中准确把握各个具体罪名的认定标准。

(一)纯粹司法渎职犯罪与非纯粹司法渎职犯罪

纯粹司法渎职犯罪，是指只能由司法工作人员实施的司法职务犯罪；非纯粹司法渎职犯罪则是司法工作人员和非司法工作人员都能构成的犯罪。《规定》所列举的 14 种犯罪中，非法拘禁罪、非法搜查罪、滥用职权罪、玩忽职守罪这 4 种犯罪，其犯罪主体既可以是司法工作人员也可以是非司法工作人员，属于非纯粹司法渎职犯罪，其余的 10 种犯罪均为纯粹司法渎职犯罪。对这 4 种非纯粹司法渎职犯罪，《规定》还区分了两类情况：一是对非法拘禁罪、非法搜查罪限定主体，若系非司法工作人员实施的就不属于检察机关自侦；二是对滥用职权罪、玩忽职守罪既限定主体又限定客观行为，即只有当系司法工作人员且有滥用职权或玩忽职守，侵犯公民权利、损害司法公正的情形时方可适用。

(二)滥用职权类司法渎职犯罪与严重失职类司法渎职犯罪

《规定》所列举的 14 种犯罪中，玩忽职守罪、失职致使在押人员脱逃罪和执行判决、

① 参见关福金：《司法工作人员渎职侵权犯罪的现状与司法认定》，载《人民检察》2007 年第 12 期。

裁定失职罪这三种犯罪属于严重失职类司法渎职犯罪，其余的 11 种犯罪均为滥用职权类司法渎职犯罪。严重失职类犯罪案件中，对失职行为和损害后果的举证相对容易，有关罪行的立案、追诉、定罪的标准尺度较为明确，查处的可操作性较强。滥用职权类犯罪，根据行为方式又可分为违背事实型和违背法律型。违背事实型犯罪集中于收集、固定和运用证据查明事实的过程，抽象地表现为隐瞒、捏造、歪曲事实，舞弊手段隐蔽性强，缺乏犯罪现场和知情人员，因此获取案件线索和收集关键证据存在较大困难。违背法律型犯罪，主要是在事实清楚证据确凿的情形下，故意地规避、曲解、错误运用法条，侦查难点主要在于行为人故意主观状态的证实。①

（三）故意的司法渎职犯罪与过失的司法渎职犯罪

考察司法渎职犯罪的具体罪过形式可以发现，其中多数犯罪由故意构成，少数犯罪是由过失构成。《规定》所列举的 14 种犯罪中，玩忽职守罪、失职致使在押人员脱逃罪和执行判决、裁定失职罪这三种犯罪属于过失犯罪，其余的 11 种犯罪均为故意犯罪。故意的司法渎职犯罪可能存在犯罪预备、犯罪中止和犯罪未遂，也可能会涉及共犯问题，共犯问题具体又可分为司法工作人员之间的共同犯罪和司法工作人员与非司法工作人员实施的共同犯罪，因此总体上此类案件复杂程度相对更高。过失的司法渎职犯罪不存在犯罪预备、犯罪中止和犯罪未遂，也不会涉及共犯问题，此类案件一般而言相对简单。

三、司法渎职犯罪案件侦查中存在的困难和障碍

（一）犯罪线索稀缺，案源渠道不畅

由于司法工作人员本身就是法律的践行者，工作专业性很强，必然导致这类案件的“保密工作”相比一般职务犯罪案件要“扎实”得多，案发后当事人双方串供、毁供，缔结的“攻守同盟”相对也会较为“稳固”。② 实践中，由于司法渎职犯罪线索稀缺，检察机关主要以被动发现为主，如在受理控告、申诉案件中发现犯罪线索，或者是依靠监察委和审计部门的移送，主动发现的情形较少。

（二）侦查取证难度大，专业性要求高

实践中，一些诉讼案件特别是陈年旧案，由于实施犯罪与发现犯罪的时间跨度较大，能够证实犯罪的直接证据、原始证据少，多依靠言词证据和传闻证据，导致侦查取证难度较大。实施渎职犯罪的司法工作人员长期从事法律实务工作，反侦查能力较强，往往作案前深思熟虑，作案后又能及时毁灭证据、制造假象，作案手段更加“内行”和隐蔽，需要用专业化的侦查手段加以应对。

---

① 参见甘正培：《论司法职务犯罪》，载《法学杂志》1999 年第 5 期。

② 参见李鹏、齐永超：《查办司法工作人员职务犯罪案件对策》，载《人民检察》2009 年第 18 期。

（三）原案管辖权与渎职犯罪案件管辖权分离的消极影响

由于司法渎职犯罪与原案的事实证据等存在密切关联，查明原案的基本情况成为侦查的必需步骤。但由于检察机关对于原案基本上都不具有管辖权，须经由原案管辖机关的内部审批程序等方能调阅卷宗，容易惊动原案的办案人员，同时经手的环节较多也增加了泄密的风险，给检察机关控制犯案人员、收集保全证据等增添了障碍和难度。①

（四）侦查职能与诉讼监督职能一定程度上存在脱节现象

长期以来，由于过于强调职务犯罪侦查的专业化，导致侦查职能与诉讼监督职能脱节，没有形成对司法渎职犯罪进行法律监督的合力。实践中，负责诉讼监督的部门虽然容易发现司法渎职犯罪线索，但是深挖和移送查处的积极性不高，满足于将监督停留在纠正违法、抗诉等措施上；职务犯罪侦查部门虽然有侦查权，但是由于其不直接参与日常诉讼活动，难以自行发现司法渎职犯罪线索，造成知情难。②

四、完善司法渎职犯罪案件侦查工作的进路

职务犯罪侦查工作是检察机关的“老本行”，但在今天却具有新的重要意义。当前，为依法行使好对司法渎职犯罪的自侦权，必须突破原有自侦办案模式的束缚，立足实际需要进行改进与完善。

（一）完善案件线索发现和管理机制

从司法渎职犯罪案件线索的发掘上下工夫，广开案源渠道。一是“筛选法”，就是从群众来信来访渠道受理案件线索，从中筛选有价值的线索。二是“细摸法”，就是从日常生活中发现线索，特别是从群众反映强烈的司法不公问题入手获取线索。三是“深挖法”，就是提高侦查技巧，从查办案件中深挖窝案串案。四是“调研法”，就是深入涉案的企事业单位调查研究，从负面的反馈评价中查找线索。③ 成立案件线索评估小组，由检察长或分管检察长担任组长，由具有丰富职务犯罪办案经验的资深检察官作为成员。对受理的案件线索进行分类管理，建立案件线索管理库，全面掌握线索的流向和查处情况，提高精细化管理水平。

（二）坚持“少而精”培育专业化的自侦队伍

检察机关自侦案件的对象集中于公、检、法、司的办案人员以及司法监管场所司法工作人员，其中尤其以监管场所司法工作人员职务犯罪较为常见。根据刑事诉讼分工负责、互相配合、互相制约的原则，在“捕诉一体”的大前提下，自侦与捕诉两大职能应分别由检察机关的不同部门分别行使。《规定》仅原则规定了人民检察院负责刑事检察工作

---

① 参见河南省淮阳县人民检察院渎职犯罪检察监督课题组：《司法工作人员渎职犯罪的检察监督》，载《国家检察官学院学报》2006 年第 6 期。

② 参见万春、高景峰：《司法人员渎职行为法律监督问题研究》，载《人民检察》2007 年第 12 期。

③ 参见黄亚珍：《完善职务犯罪案件线索发现和管理机制构想》，载《人民检察》2004 年第 9 期。

的专门部门办理本规定所列犯罪案件,实践中,由刑事执行检察部门作为自侦部门较为符合侦查便利性的原则,但是当前自侦案件的数量规模也限制了刑事执行检察部门的人员数量不可能达到原先反贪、反渎的规模。因此,对于自侦队伍的建设,应当避免“铺摊子”,而要坚持“少而精”的思路,从“大兵团”转变为“特战队”,重点在办案专业化、信息化建设上下工夫,在提升人员侦查能力上做文章。

(三)密切关注司法办案整合诉讼监督资源

法律赋予检察机关的诉讼监督职能与部分职务犯罪侦查职能,应当形成一个相互衔接呼应、协调配合的整体,从而提高整个法律监督体系的效能。① 根据修改后《刑事诉讼法》和《规定》的要求,立案侦查的职务犯罪案件应系检察机关在诉讼监督中发现。实践中主要有以下四种渠道:一是在对监狱、看守所刑事执行开展监督过程中发现;二是在审查逮捕、审查起诉、抗诉等办理案件过程中发现;三是在对民事案件检察、行政案件检察以及公益诉讼等过程中发现;四是控告申诉等窗口接待工作中发现。对此,应当建立健全诉讼监督部门同职务犯罪侦查部门对司法人员渎职犯罪线索的移送、审查、初查、立案侦查、信息反馈等衔接配合机制,形成诉讼监督与侦查职能的有机结合。如在办理黑恶势力犯罪案件过程中,密切关注有案不立、量刑畸轻、违规减刑假释等问题,注重收集、查证隐藏在这些问题背后的司法渎职犯罪线索,依法打击包庇、纵容黑恶势力的司法人员“保护伞”。

(四)强化上下级检察机关自侦力量统筹协作

根据《规定》,所列的14类司法渎职犯罪只能由设区的市级检察院立案侦查,基层检察院发现犯罪线索的,应当报设区的市级检察院决定立案侦查。但是《规定》并未将基层检察院完全排斥在侦查主体之外,一是设区的市级检察院可以将案件交由基层检察院立案侦查,即直接交办;二是由基层检察院协助设区的市级检察院侦查,即提供协助。笔者认为,对于案情较简单,事实证据并不复杂、影响不大的可以由设区的市级检察院决定直接交由某个基层检察院立案侦查;对于案情疑难复杂或影响较大的则以设区的市级检察院直接办理为宜。设区的市级检察院在办案时可以根据《人民检察院组织法》第二十四条第四项的规定,统一调用辖区内基层检察院的优秀检察官,参与侦查司法渎职犯罪案件。对疑难复杂案件的立案侦查集中上级检察院与基层检察院的合力,更有利于突破案件,办成铁案、精品案件。

① 参见万春、高景峰:《司法人员渎职行为法律监督问题研究》,载《人民检察》2007年第12期。

刑事附带民事公益诉讼制度若干疑难问题研究

王绩伟*

摘要：当前，刑事附带民事公益诉讼制度的性质特别是与刑事附带民事诉讼、民事公益诉讼的关系存在较大的认识分歧，需要对刑事附带民事公益诉讼请求的范围、诉前公告程序是否需要履行、庭审程序如何安排、财产刑与民事责任承担是否冲突、对一审裁判如何监督等司法实践中的疑难问题做出解答和安排，以确保该项制度发挥应有的作用。

关键词：刑事附带民事公益诉讼　刑事附带民事诉讼　诉讼价值

自2018年3月2日起施行的“两高”《关于检察公益诉讼案件适用法律若干问题的解释》（以下简称《公益诉讼解释》），增加了刑事附带民事公益诉讼这一新的检察机关提起公益诉讼方式，旨在通过刑事案件附带审理，最大限度节约司法资源，提升公益诉讼效率，及时维护国家利益和社会公共利益。但当前司法实践中对于刑事附带民事公益诉讼的性质、检察机关在其中的诉讼地位、诉讼请求的内容、审理程序、财产刑判处与民事责任承担及执行等问题认识尚不一致，影响到这一新的诉讼制度价值发挥。对此，笔者结合工作实际，就当前刑事附带民事公益诉讼制度亟待解决的六个疑难问题进行探讨。

一、刑事附带民事公益诉讼本质上是刑事公诉和民事公益诉讼“两个诉”的结合

刑事附带民事公益诉讼制度需要解决的首要问题就是其诉讼性质，目前理论上认识分歧主要在于其从属于刑事附带民事诉讼还是民事公益诉讼。持刑事附带民事诉讼的观点认为，刑事附带民事公益诉讼是对检察机关提起刑事附带民事诉讼的拓展和完善，本质上都是刑事诉讼过程中附带进行的民事诉讼，都是为了解决民事赔偿问题；而持民事公益诉讼的观点认为，《公益诉讼解释》明确将刑事附带民事公益诉讼规定在“民事公

---

* 王绩伟，江苏省泰州市人民检察院第六检察部副主任。

益诉讼"一节,故其应当是一种特殊的民事公益诉讼。笔者认为,刑事附带民事公益诉讼既不同于传统的刑事附带民事诉讼,也不是民事公益诉讼的下位概念,而是由同一检察院提起的刑事公诉与民事公益诉讼的"结合体",其本质上是"两个诉",是一种独立的新型诉讼制度,具有独立的诉讼价值。①

1. 刑事附带民事诉讼与刑事附带民事公益诉讼属于两种不同的诉讼模式。刑事附带民事诉讼系《刑事诉讼法》规定的一种诉讼方式,具体分为被害人及其法定代理人、近亲属提起和检察机关提起两大类,其中与刑事附带民事公益诉讼紧密相关的是检察机关提起的刑事附带民事诉讼。根据《刑事诉讼法》第一百零一条第二款的规定,由于被告人犯罪行为而导致国家财产、集体财产遭受损失的,人民检察院在提起公诉的时候,可以提起附带民事诉讼。可见,检察机关提起刑事附带民事诉讼应当具备三个条件:一是被告人的行为构成犯罪;二是被告人的犯罪行为导致国家财产或集体财产遭受损失;三是相关受损机关或单位没有提起诉讼。对比刑事附带民事公益诉讼法律规定,二者虽然仅相差"公益"二字,但在案件适用范围、保护对象、诉讼地位、诉讼请求等方面存在明显差别:一是案件适用范围不同。刑事附带民事公益诉讼适用于破坏生态环境和资源保护、食品药品安全领域侵害众多消费者合法权益的犯罪,而检察机关提起刑事附带民事诉讼适用于任何侵害国家或集体财产的犯罪(被告人非法占有、处置国家财产、集体财产的除外)。二是保护对象不同。刑事附带民事公益诉讼必须以犯罪行为侵犯到生态环境资源、众多消费者合法权益等社会公共利益为要件,保护的是特定领域涉及的国家利益和社会公共利益;检察机关提起刑事附带民事诉讼所要保护的是国家财产、集体财产安全,其中国家财产属于国家利益的组成部分,但集体财产则并非全部涉及国家利益或社会公共利益。三是诉讼地位不同。根据最高人民法院《关于适用〈中华人民共和国刑事诉讼法〉的解释》第一百四十二条的规定,人民检察院提起附带民事诉讼的,应当列为附带民事诉讼原告人。全国人大常委会法制工作委员会编著的《〈关于修改刑事诉讼法的决定〉释解与适用》中,也认为"附带民事诉讼在性质上也属于民事诉讼,依照民事诉讼法是可以的"。②可见,无论立法机关还是最高人民法院,均将检察机关提起的附带民事诉讼定位为一种民事诉讼。而《公益诉讼解释》第四条明确规定,人民检察院以公益诉讼起诉人身份提起公益诉讼,依照民事、行政诉讼法享有相应的诉讼权利,履行相应的诉讼义务,但法律、司法解释另有规定的除外,明确了检察院的公益诉讼起诉人身份。因此,在刑事附带民事公益诉讼中,检察院同时承担了公诉人和公益诉讼起诉人两个"角色",与刑事附带民事诉讼中的单一公诉人角色(或者认为系公诉人 + 原告)完全不同。四是诉讼请求不同。刑事附带民事诉讼旨在解决犯罪行为给国家、集体财产造成的损失,其诉讼请求局限于

① 参见徐日丹、闫晶晶:《依法保障公益诉讼起诉人的诉讼权利》,载《检察日报》2018 年 3 月 3 日。

② 王尚新、李寿伟主编:《〈关于修改刑事诉讼法的决定〉释解与适用》,人民法院出版社 2012 年版,第 116 页。

要求被告人或其他侵权人承担赔偿损失，而刑事附带民事公益诉讼的诉讼请求则不局限于赔偿损失，还包括恢复原状、排除妨碍、消除危险、赔礼道歉等，包含金钱给付和行为履行两大类，且赔偿损失的范围也要明显宽于刑事附带民事诉讼，特别是生态环境损害赔偿中还包含环境修复费用、服务功能损失费用，这两项费用显然不属于刑事附带民事诉讼中所要追回的犯罪行为直接造成的财产损失。

2. 刑事附带民事公益诉讼要同时符合刑事公诉和检察机关提起民事公益诉讼的要求。根据《公益诉讼解释》规定，人民检察院可以提起刑事附带民事公益诉讼的条件是"破坏生态环境和资源保护、食品药品安全领域侵害众多消费者合法权益等损害社会公共利益的犯罪行为"，可见诉讼针对的是生态环境资源保护和食品药品安全两个公益领域，且侵权行为必须已经构成犯罪，进而在刑事公诉中由检察机关一并提起附带民事公益诉讼，如果侵权行为不构成犯罪，则无法提起刑事公诉，更无法附带民事公益诉讼。

二、检察机关提起附带民事公益诉讼受制于刑事公诉，不得超出刑事指控范畴

根据前文所述，刑事附带民事公益诉讼是刑事公诉与民事公益诉讼两种诉的结合，要同时符合刑事公诉和民事公益诉讼的要求，因此附带民事公益诉讼要受制于刑事公诉，不得超出刑事指控范畴，具体表现在以下两个方面：一是被告人同一，即公诉指控的被告人与附带民事公益诉讼被告同一。附带民事公益诉讼起诉的被告不能超出刑事指控的被告人范畴，对于经审查起诉后认为不构成犯罪或者犯罪情节轻微，不需要判处刑罚或者免除刑罚，进而做出不起诉决定的犯罪嫌疑人，即使其行为构成侵权，也不能成为附带民事公益诉讼的被告。这一点不同于附带民事诉讼可以超出刑事指控被告人的范畴来追加赔偿责任人。① 因为，未被追究刑事责任的其他共同侵权人虽然行为违法，但不构成犯罪，或者虽然构成犯罪但不符合起诉条件，故无法提起附带民事公益诉讼。二是指控的侵权行为与犯罪行为事实同一。根据前文所述刑事附带民事公益诉讼的起诉条件，侵害环境资源、众多消费者合法权益的行为必须同时构成犯罪，因此附带民事公益诉讼与刑事公诉关于侵权行为与犯罪行为的认定标准是一致的，即侵权行为也必须达到犯罪、起诉的标准。对于构成侵权但未被认定犯罪或者虽然被认定犯罪但未被起诉的其他侵权人，不得认定为附带民事公益诉讼的被告。对于未起诉的其他共同侵权人，人民检察院可以另行提起民事公益诉讼，并直接参考刑事附带民事公益诉讼判决认定相关事实，并不影响诉讼效率和司法资源节约。

三、刑事附带民事公益诉讼不受民事公益诉讼诉前公告程序限制

根据《公益诉讼解释》第十三条的规定，人民检察院拟提起民事公益诉讼的，应当依

① 根据《最高人民法院关于适用〈中华人民共和国刑事诉讼法〉的解释》第一百四十三条规定，附带民事诉讼中依法负有赔偿责任的人包括刑事被告人以及未被追究刑事责任的其他共同侵权人。

法公告,公告期间为30日。但对于刑事附带民事公益诉讼则未明确规定,导致司法解释一经出台就引起较大争论。持肯定观点认为,刑事附带民事公益诉讼规定在《公益诉讼解释》"民事公益诉讼"一节,除有特别规定外,应当适用民事公益诉讼的相关规定,也应当在诉前进行公告;持否定观点认为,刑事附带民事公益诉讼本质上并非民事公益诉讼,虽然《公益诉讼解释》将其规定在"民事公益诉讼"一节,但并不能认定其为民事公益诉讼,如同《刑事诉讼法》规定了"刑事附带民事诉讼",但却将其定性为民事诉讼,不能仅凭司法解释条文的表述顺序就机械地认定其属于民事公益诉讼的下位概念。笔者赞同否定观点,认为检察机关提起刑事附带民事公益诉讼不需要履行诉前公告程序。理由如下:

1. 从立法技术上来看,《民事诉讼法》《刑事诉讼法》中均未规定刑事附带民事公益诉讼制度,作为一种实践中探索出来的新型公益诉讼方式,通过司法解释及时将其进行法定化,这是我国公益诉讼制度立法的创新。在上位法尚未将刑事附带民事公益诉讼作为一种独立诉讼方式予以规定的前提下,《公益诉讼解释》从立法技术上也未将其独立成节作为与民事公益诉讼和行政公益诉讼相并列的一种公益诉讼方式,是恰当的、严谨的,但这并不影响其独立诉讼性质和价值的认定,"两高"在《公益诉讼解释》新闻发布会上的相关表述也肯定刑事附带民事公益诉讼的独立地位。[①] 因此,不能仅凭司法解释条文表述的顺序就认定刑事附带民事公益诉讼属于民事公益诉讼的下位概念。

2. 从刑事案件办理来看,《刑事诉讼法》明文规定检察机关审查起诉的期限为1个月,特殊情况可以延长半个月。对于1个月的常规审查起诉期限,如果仍然需要检察机关在提起附带民事公益诉讼前履行公告程序,则公告1个月的期限与审查起诉的1个月期限完全重合,这也意味着检察院对于刑事案件一经受案,就要在全国发行的媒体上进行公告,这既不符合工作实际,也有违诉讼规律、认识规律。同时,对于一些简单的破坏环境资源犯罪,生产、销售伪劣商品刑事案件,如果犯罪嫌疑人认罪认罚且可以适用速裁程序,则检察机关审查起诉期限一般为10日,最长为15日,都远远短于1个月公告期限,如果仍需要履行诉前公告程序,那么就会出现为了等待公告期限,而导致刑事案件办理人为拖延,显然违反立法本意和诉讼价值,也会导致认罪认罚从宽制度大打折扣。

3. 从体系解释的方法论来看,刑事附带民事公益诉讼关键在"附带"二字,即在刑事公诉中附带提起民事公益诉讼,而刑事公诉的主体为检察院,司法解释又明确规定检察院系提起附带民事公益诉讼的唯一适格主体,因此公告无必要。退一步讲,即使检察院没有履行诉前公告程序,仍然不会妨碍其他有权机关或者社会组织行使诉权。根据《公益诉讼解释》第十七条第二款的规定,人民检察院已履行诉前公告程序的,人民法院立案后不再进行公告。据此,笔者认为,可以反向推定对于检察院未履行诉前公告程序的,人民法院立案后可以根据具体情况决定是否进行公告。如果认为有必要公告,则其他有权

① 参见徐日丹、闫晶晶:《依法保障公益诉讼起诉人的诉讼权利》,载《检察日报》2018年3月3日。

起诉的机关和社会组织可以参与诉讼,或者认定为原告,或者追加为第三人,由检察院继续提起附带民事公益诉讼,进而确保其他适格主体的诉权,充分发挥刑事附带民事公益诉讼提高诉讼效率、节约司法资源的制度价值。

四、庭审应当遵循"先刑后民"和检察对外一体原则

关于刑事附带民事公益诉讼的审理程序,法律及司法解释均未做出明确规定,考虑到附带诉讼的属性,可以参考刑事附带民事诉讼的相关规定,同时还要特别注意刑事附带民事公益诉讼的两个诉讼提起者均是人民检察院,同时承担着公诉人和公益诉讼起诉人的双重"角色"。鉴于这种主体"角色"的重合,笔者认为,根据检察对外一体化的原则,可以对刑事附带民事公益诉讼的程序进行适当创新,不应完全拘泥于刑事附带民事诉讼审理程序,总体上可以仍然按照刑事案件审理和附带民事公益诉讼审理"两步走",但不需要完全割裂,每一步庭审程序均可以连续进行,进而便于查明案件事实,提高庭审效率。具体建议如下:一是由出庭检察官连续宣读刑事起诉书和附带民事公益诉讼起诉书。由于刑事和附带民事公益诉讼起诉书都是由同一检察院制作,且派员出席法庭检察人员也是来自同一检察院,因此在法庭调查开始后,出庭检察官应当在宣读刑事起诉书后连续宣读附带民事公益诉讼起诉书,便于将检察机关的全部诉讼请求"和盘托出",让法官、当事人、诉讼参与人、旁听人员更加明晰诉讼请求和庭审所要解决的争议焦点。同时,为了体现附带民事公益诉讼的独特价值,在"公诉人"牌子的后面,应当紧接着摆放"公益诉讼起诉人"的牌子,防止将两个诉讼混为一谈。二是刑事案件讯问、举证质证、辩论与附带民事公益诉讼可以同步进行,也可以"先刑后民",但不能"先民后刑"。由于出席法庭的检察人员系受同一检察院检察长指派,因此在宣读起诉书后的法庭调查程序中,均有权参与相关环节,而不必受检察院内部不同办案部门的制约。比如,刑事案件与附带民事公益诉讼案件系由不同部门检察官办理的,庭审中,出庭检察人员均可以对自己办理部分以外的事实进行讯问、举证、质证和辩论,这样既便于查明整个案件事实和对被告人准确定罪量刑,也有利于正确认定附带民事公益诉讼被告人的民事责任,同时可以提高庭审效率。当然,上述建议同时也对检察院办理刑事附带民事公益诉讼案件提出了新的要求,最好由同一内设机构或者办案组同时承办刑事和附带民事公益诉讼案件,便于相互了解案情,在庭审中做到相互支持、相互补充,确保检察院起诉质量。此外,由于刑事案件审理是基础,民事公益诉讼属于附带,因此必须遵循"先刑后民",不能倒置。

五、财产刑与附带民事公益诉讼判决应当分别执行,且"先民后刑"

刑事附带民事公益诉讼目的是对被告人的违法犯罪行为进行处罚、恢复受损公益,因此会同时判决被告人承担刑事责任和民事责任,其中罚金、没收财产两种财产刑与民事责任相关,因涉及被告人的履行能力,因此需要明确二者的关系和执行顺位。根据《侵

权责任法》第四条规定,侵权人因同一行为承担行政责任或者刑事责任的,不影响依法承担侵权责任。因同一行为应当承担侵权责任和行政责任、刑事责任,侵权人的财产不足以支付的,先承担侵权责任。据此,在刑事附带民事公益诉讼中同时判处被告人财产刑和承担民事侵权责任是合法的,不属于"双重评价",没有违反"一事不再理"的原则。但,因被告承担民事赔偿责任必须以一定的财产为基础,因此在判决被告人承担赔偿损失、恢复原状等民事责任时,一般不能同时判处没收被告人全部财产。当然,如果赔偿损失、恢复原状,可以通过劳役代偿等方式实现的,在适用非羁押主刑的同时,也可以判处没收被告人全部财产。被告人现有财产不足以同时支付财产刑和侵权责任的,应当按照"先民后刑"的原则,优先承担民事侵权责任。

六、人民检察院不服刑事附带民事公益诉讼一审判决的,应当区分情况提出抗诉或者提起上诉

《刑事诉讼法》第二百二十八条规定,地方各级人民检察院认为本级人民法院第一审的判决、裁定确有错误的时候,应当向上一级人民法院提出抗诉。《公益诉讼解释》第十条规定,人民检察院不服人民法院第一审判决、裁定的,可以向上一级人民法院提起上诉。可见,对于人民检察院在刑事公诉和民事公益诉讼二审程序中的诉讼角色,法律和司法解释作了不同的规定,前者为刑事抗诉,后者为上诉。由于检察院在刑事附带民事公益诉讼中的"双重角色",笔者认为,对一审裁判进行监督的方式不能简单归于抗诉或者上诉,而是要根据所要监督的错误裁判内容决定采用抗诉还是上诉,具体而言:一是如果是认为刑事判决部分有误,且影响到民事公益诉讼事实认定、责任承担的,则应当按照"刑事吸收民事"的原则,由检察院一并提出抗诉,在抗诉书中同时表述对刑事判决和附带民事公益诉讼判决的监督意见。比如,刑事案件事实认定错误导致附带民事公益诉讼部分事实认定错误、刑事案件定性错误导致不符合提起附带民事公益诉讼的案件范畴等。对于自首、立功、主从犯等量刑情节的认定,如果不影响民事责任认定的,即使有误,也仅应就刑事部分提出抗诉,不能对附带民事公益诉讼判决提出上诉。二是如果刑事部分判决无误,但附带民事公益诉讼部分判决有误的,起诉的检察院应当就附带民事公益诉讼部分提出上诉,刑事上诉期、抗诉期满后,第一审刑事部分的判决即发生法律效力,不受附带民事公益诉讼部分上诉的影响。三是对于一审中的严重程序违法行为,如果符合刑事抗诉条件的,通常极有可能影响到案件事实正确认定和公正处理,因此由检察院对整个裁判提出抗诉较为适宜。此外,目前实践中大多数法院采用的系分别就刑事公诉和附带民事公益诉讼制作两份判决书,而非参照刑事附带民事诉讼一份判决书的形式,对于单独做出裁判文书的检察监督,依然适用上述规则,只不过是更加容易判断、监督的文书针对性更强。

不支持监督申请案件释法说理研究

符世锋*

摘要：不支持监督申请案件是民事、行政诉讼监督中占比较大的案件，关系当事人权益、社会稳定、司法的尊严与权威等，有其自身独特的价值。释法说理是不支持监督申请案件的核心，但在司法实践中，不支持监督申请案件不受重视，导致不支持监督申请案件释法说理同样不受重视，具体的原因有制度方面的，也有认识方面的，需要转变理念和认识，积极完善相关制度，把不支持监督申请文书摆在与监督文书同样重要的位置，真正发挥其应有的作用。

关键词：不支持监督申请案件　释法说理　价值

一、不支持监督申请案件释法说理的目的和价值

不支持监督申请案件是检察机关对当事人申请监督的案件，认为不符合法律规定的监督条件而做出不支持其监督申请的案件。在检察监督实践中，不支持监督申请案件所占比重较大，案件释法说理是否符合法律规定、是否集法理情理于一体、是否恰当到位，对于化解社会矛盾、维护司法的尊严和权威、维护社会稳定具有重要的作用。

（一）坚持矛盾不上交，落实"枫桥经验"要求

"枫桥经验"一般特指20世纪60年代初，浙江诸暨枫桥的干部群众创造性发展和总结出"依靠和发动群众，坚持矛盾不上交，就地解决，实现捕人少、治安好"的基层管理经验与社会矛盾解决经验。① 随着时代的发展，枫桥经验已被不断创新并赋予新要求、新方法，对当前司法实践具有重要指导作用，其中"坚持矛盾不上交，就地解决"的理念和做法对不支持监督申请案件的办理具有积极意义。在民事、行政诉讼监督领域，案件数呈现"倒三角"格局，基层没案办，越往上案件越多，且若基层或地市级院案件的息诉服判工作

---

* 符世锋，江苏省无锡市人民检察院第七检察部副主任。

① 参见赵蕾：《"枫桥经验"的理论提升》，载《法律适用》2018 年第 17 期。

不做好，矛盾就会往上传导，一直传导到省级检察院和最高人民检察院，给上级造成较大的息诉压力。因此，对拟作出不支持监督申请的案件强化释法说理，在很大程度上能够纠正申请人对很多问题的片面、错误的认识，消解其疑虑；检察机关还可就预见到的、不支持监督申请决定做出后可能产生缠诉缠访情形的案件开展风险评估，制作应急预案；对于一些有和解可能的案件，检察机关作为中间人，协调申请人和其他当事人，在共同让步的基础上，就地解决双方的纠纷，真正把矛盾化解在基层。

（二）化解矛盾纠纷，维护社会和谐稳定

申请人向检察机关申请监督的案件多经过了一审、二审、再审审查或再审，司法诉讼程序时间长、纠纷复杂、矛盾激化，且多是带着对审判人员和生效判决的抵触情绪、带着检察机关能够主持正义的热切期望来到检察机关。大多数申请人是基于思想认识问题而造成法院判决不公的错觉，如在检察环节再得不到圆满答复，那么，他们可能采用非正常途径维护其认为的权益，甚至还可能采用极端方式发泄对判决和司法工作的不满。检察机关在不支持监督申请决定书中依据法律，结合案件具体情况，向申请人详尽地说明案件不符合抗诉条件的理由，纠正其对法律或案件的不当认识，解开他们思想上的疙瘩，让其从思想上形成正确认识，是促使他们息诉服判最有效的途径。这不但可以有效化解当事人之间的纠纷，还能有效地消除促使申请人采用上访等方式维权的潜在因素，有利于维护社会和谐稳定。

（三）进行法治宣传，提升社会法律认知水平

“一个案例胜过一打文件”，一个案例也胜过一打法律法规。司法案例是公众了解和评价检察工作的重要窗口，也是人民群众获取法律知识、提升法律素养的有效途径。随着移动互联网的发展，人民群众随时可以搜索阅读法律条文，但条文就是“冷冰冰”的文字，内容也比较多，群众不一定能理解，而且因为缺乏针对性，群众也多是泛读，真正遇到相关问题多是选取对其有利的条文，甚至断章取义。不支持监督申请案件释法说理的过程就是一个法制宣传的过程。目前，检务公开已经在全国推开，不支持监督申请文书都已经在网上公开，通过释法说理，可以把案件事实、法院认定和判决理由、检察机关查明的事实和释法说理等都在不支持监督申请文书中体现出来，有事实、有法律、有说理，让群众一目了然，能增强人民群众对所涉法律法规的理解。通过公开宣告方式释法说理，让群众参加，公开摆事实、亮法律、讲道理，不仅能让申请人更易于接受，也是一堂很好的法治宣传课，对于提升人民群众的法律认知水平具有重要作用。

（四）提升队伍素能，夯实法律监督基础

对不支持监督申请案件，不进行释法说理或释法说理不到位，很难让申请人理解和信服，且容易给其造成承办人有意偏袒对方或与法官“官官相护”的不良印象。而且，申请人对检察机关所作不支持监督申请决定的不理解，会造成其多次来院要求承办检察官员释明，造成缠访缠诉，使办案人员长时间深陷接访事务，既影响正常工作的开展，又降

低办案效率。甚至有些申请人会层层向上级检察机关提出申请,使民事、行政检察部门深陷重复处理、重复办案的泥沼,造成了民事、行政检察部门有限办案资源的严重浪费。加强对不支持监督申请案件的释法说理,可以有效促使办案人员为了制作论述严密、说理透彻的法律文书而注重对案件细节的审查,严把办理民事、行政监督案件的标准。而且,释法说理,尤其是通过法律文书向申请人阐明理由,既可以有效消除其产生的检察机关“偏袒执法、官官相护”不良印象的想法,有助于其更好地息诉服判,也可以使办案人员从繁重的接访工作中解脱出来,提高办案的效率。

二、不支持监督申请案件释法说理中存在的问题及原因

(一)不支持监督申请案件释法说理中存在的问题

1. 释法说理方式比较单一。对不支持监督申请案件进行释法说理的方式有多种,如可通过不支持监督申请文书释法说理,也可是公开宣告或接待当事人时口头释法说理。但司法实践中,不支持监督申请案件多采用书面释法说理的方式,[①]较少通过公开宣告的方式释法说理。事实上,检察公开宣告释法说理的制度在山东省开展得比较早,成效也比较显著,但主要集中在刑事领域,[②]民事、行政检察领域运用得较少。

2. 在不支持监督申请文书释法说理上,存在以下几个方面问题:

其一,对申请监督理由概括不准确、不全面。检察机关的监督主要围绕申请人申请监督的理由,故不支持监督申请文书的释法说理也要围绕其申请监督理由而展开。实践中,申请人多非法律专业人士,申请书表述比较杂乱、重复等,无法针对其申请监督理由进行一一答复,或遗漏,或偏离,都不容易达到使申请人息诉服判的效果。

其二,说理用语不规范、缺乏针对性。不支持监督申请文书是对外的法律文书,代表着检察机关形象,故文书中的用语应当规范。我们有些法律文书或存在方言、土语、口语等非规范性语言,或不正确使用或缺失主谓宾定语等,导致语句不通、主体或对象不明,容易让人产生歧义;或句式使用不当,如使用一些渲染性以及夸张比喻类语句,不符合法律文书朴实庄重的特点。此外,有些不支持监督申请文书未考虑到制发对象多为普通群众的特殊性,用语缺乏针对性。

其三,不进行说理或说理较少。实践中,我们有些不支持监督申请文书根本不释法说理,只是告知申请人检察机关的决定,或者虽有说理,但也只是一两句话,是一种“应付

---

① 按照《人民检察院行政诉讼监督规则(试行)》第三十六条和《人民检察院民事诉讼监督规则(试行)》第五十条的规定,人民检察院审查案件,应当听取当事人意见,必要时可以听证或者调查核实有关情况。对检察机关而言,听取当事人意见是一次很好全面了解案情和释法说理的机会。但是在实践中,有些案件承办检察官不与当事人进行接触或选择性的听取当事人意见,最后做出一纸不支持监督申请决定发送申请人,完全不利于矛盾的化解和息诉服判工作的开展,导致申请人上访或做出一些过激行为,不利于社会的和谐稳定。

② 参见王成波:《检务公开的法理基础、实践探索与实现路径》,载《人民检察》2014 年第 20 期。

式"说理,不进行深入阐述,申请人完全无从知晓检察机关为何做出这种决定,不利于化解矛盾,也违背最高人民检察院加强法律文书释法说理的初衷和要求。

其四,说理不清或说理缺乏逻辑。讲求逻辑性是法律文书的生命所在。一份逻辑混乱、顺序颠倒、层次不清的法律文书根本不能算是一份合格的文书,甚至不能算是一份法律文书。我们有的法律文书根本不讲逻辑,叙事杂乱,让人无法弄清事情原委,说理更是缺乏逻辑性,往往是从 A 直接得出 B,但 A 是如何得出 B 的,无从得知,或者是按照其自身想法,"强制"得出结论;有的法律文书表达存在跳跃性,本来是在说 A,但突然跳到 C,然后又跳到 B,随意性太强,无法找到其中的逻辑关联;还有的法律文书存在逻辑矛盾,明明在前面论证中是 A 得出了 B,但在后面的论证中却又得出与前面相反的结论,前后结论之间或者事实认定之间存在矛盾,有的还导致叙事、说理和处理决定之间存在矛盾。

其五,照抄法院的裁判理由。这是实践中比较常见的现象。申请人所提出的申请监督理由,多在法院裁判文书中进行过说理论证,有些案件承办人就认为,在法院已经进行过说理的情况,从减轻办案人员工作量、减少可能带来的涉检信访风险等方面考虑,在不支持监督申请文书中宜采用法院的说理,不宜再进行扩展深化。

(二)出现上述问题的原因

1. 考核评价机制不合理。不管是对单位还是部门的考核,不支持监督申请案件只占非常小的部分,考核的重点是监督类案件,对于非考核的重点,单位或部门一般不会花费过多的时间和精力。对检察干警个人而言,考核、评奖评优、优秀法律文书的评选等也多是针对监督类案件,且是监督效果较好的案件,不支持监督申请案件几乎未进入考虑范围,故从功利角度考量,承办检察官也不愿花费过多的精力对不支持监督申请案件进行释法说理,做"无用功",以期尽快结案了事,把有限的时间和精力放在监督案件上。

2. 有些干警释法说理能力不足。释法说理能力是检察干警的基本能力。但释法说理能力的培养是一个长期的过程,需要不断地学习、锻炼、领悟,才能得到提升。正因为有些干警释法说理能力不足,对申请人提出的申请监督理由无法进行答复,或者没有把握说清,怕申请人揪住其文书中的错误,所以就在不支持监督申请释法说理中予以回避,或者直接照抄法院的裁判理由,以此作为"挡箭牌"。

3. 对不支持监督申请文书价值认识不足。我们有些干警对不支持监督申请文书的作用和价值有错误认识,认为民事、行政诉讼监督案件一般都是比较棘手的案件,有的案件从诉讼到申请检察监督,已经耗费申请人很长时间,不可能因为检察机关不支持监督申请文书写得好,申请人就息诉服判。某种程度上说,这种认识比较普遍。但一方面,释法说理的过程不仅仅是让申请人息诉服判,同时也是法治宣传和检察形象宣传的过程,一份格式规范、事实清楚、说理充分的法律文书就是一张"检察名片";另一方面,虽然一份优秀的不支持监督申请文书不一定能让申请人息诉服判,但一纸空洞的决定肯定不能使申请人息诉服判。因此,只要有百分之一的希望,我们就应当付出百分之百的努力。

4. 缺乏对不支持监督申请文书的理论研究。笔者在中国知网进行搜索,虽然有很多理论和实务界的论文论述如何撰写法律文书,但几乎没有针对不支持监督申请文书的。虽然不支持监督申请文书也是法律文书的一种类型,法律文书说理的一般方法、规律等同样适用于不支持监督申请文书,但不支持监督申请文书有其自身的价值、特点、规律,说理、语言运用等也有其自身的独特要求,同样需要对其展开理论研究,在理论上进行完善。

三、不支持监督申请案件释法说理应注意的问题

不支持监督申请案件释法说理的过程是一个需要热心、耐心、细心,需要运用智慧和技巧的过程,是一个促使申请人息诉服判,化解社会矛盾的过程,需要贯穿司法办案全过程。

(一)根据案件具体情况,多采用公开宣告方式释法说理

检察公开宣告制度是指对于做出不起诉、不支持监督申请等类型的案件,检察官召集案件当事人、人大代表或政协委员、人民监督员、普通群众等,在专门的场所,当面宣告决定内容,送达法律文书并进行释法说理的制度。检察公开宣告有其严肃性、公开性、广泛性、宣传性,通过这种方式,可以让在场的每一个人都感受到法律的神圣,体现检察权的权威性;通过邀请相关人员旁听观摩,"拓展检察工作接受外部监督的平台,充分做到让检察权在阳光下运行,自觉接受社会监督",[①]这种以案释法的方式还可以让参加人员受到很好的法律教育。而且这种公开透明的宣告方式保证了当事人的知情权、参与权,增强其对检察工作的认可度,显著提升检察机关工作的透明度和公信力,更利于息诉服判,起到积极的防范和化解社会矛盾的作用。但是,基于目前检察机关的办案压力仍然比较大,且公开宣告需要邀请有关人员参加,故每个案件均采取公开宣告的方式释法说理在操作上存在困难。承办检察官可以根据案件的具体情况,将一些案件影响比较大、群众关注度比较高、申请人反应较大、息诉服判难度较高的案件纳入检察公开宣告的范围,待相应的制度完善、经验丰富之后,逐步扩大公开宣告释法说理案件的范围,充分利用各种有利方式,为检察机关释法说理工作服务。

(二)增强释法说理主动性,使之贯穿司法办案全过程

加强对不支持监督申请案件释法说理是检察机关履行法律监督职能的内在要求,承办检察官应当增强释法说理的主动性,不要将释法说理全部寄托在不支持监督申请文书上,而是应当自觉地将释法说理贯穿司法办案的全过程。首先,在做出不支持监督申请决定前,按照监督规则的要求,主动听取申请人意见,对于申请人提出的一些不太合理、

---

① 刘源吉、张艳:《检察宣告制度实施现状及改革建议》,载《人民检察》2014 年第 3 期。

不符合法律规定的意见，可以现场口头进行释法说理，阐明案件事实、分析法律规定等，在一定程度上消除申请人的一些片面甚至错误的认识，为后期工作打下铺垫。其次，现场送达不支持监督申请文书时，申请人对文书载明的事实、证据、法律适用等提出质疑或异议的，应当及时进行有针对性的释法说理，向申请人解释事实认定的依据、证据采信的规则以及适用法律的理由，尽可能当场减少或消解申请人的质疑或异议，实现释法说理的最大效用。最后，通过邮寄方式发送不支持监督申请文书的，应当主动询问申请人对于检察机关决定的意见，陈述做出决定的一些考虑，释理析疑，解答申请人提出的问题；对一些意见比较大或者强烈不满，可能引起上访、缠访的，应当及时跟进释法说理，必要时可以去当事人所在村、社区，主动上门答疑解惑，表明检察机关对问题的重视，彰显检察为民情怀，综合利用各种力量，使申请人从心底认同。

（三）注重利用不支持监督申请文书，多角度全方位释法说理

相对于其他释法说理方式，不支持监督申请文书在层次性、条理性上有其独有的优势，可以把问题说得更透彻、更全面。在不支持监督申请文书释法说理中，我们可以注意以下问题：

1. 形式上可不拘泥于文书格式

法律文书格式是最高人民检察院为更好地指导各级检察机关正确适用监督规则，规范法律文书制作，提高监督案件办案质量而制作印发，内容主要是在形式上规范各级检察机关的文书制作，如字体、间距、文号格式等，同时规定了每部分的内容和写法。我们在撰写不支持监督申请文书时，在遵守基本格式的基础上，为服从和服务于释法说理，可以根据案件的具体情况，在文书中增加一些内容，如列明概括归纳的申请监督理由、简要叙述法院查明的案件事实和法院判决情况、说明检察机关调取的且与说理有关的证据情况或查明的新的案件事实等，使文书更有针对性，更为完整、全面，可以让当事人之外的阅读者观案件全貌，不至于有过于突兀的感觉。

2. 不应照抄照搬法院裁判理由

当事人对法院裁判不服，向检察机关申请监督，可能是对裁判的事实认定不服，可能是法院裁判说理不到位，致使当事人无法理解、接受，抑或裁判结果错误。但不管是何原因，裁判的事实认定、说理和裁判结果总是相互联系，事实认定是基础，“本院认为”部分的说理是关键，而裁判结果是核心，在当事人对法院裁判不服的情况下，如果检察机关在不支持监督申请文书中照搬照抄法院的裁判理由，而不是结合案件事实和法院的说理，论证说明法院裁判的正确，可能会激发新的矛盾，使申请人将矛盾指向检察机关，认为检察机关不负责任，敷衍了事，与法院“同流合污”等，不利于息诉服判，也不利于树立检察机关在人民群众中公正监督者的形象。

3. 对申请监督的理由予以积极回应

一般来说，申请人申请监督的理由都会比较多，有针对裁判中事实认定、法律适用和

程序违法中的一项或多项,一项中有时会涉及多个问题,有时还会涉及裁判之外的问题或不属于检察机关监督本案所应当解决的一些问题。《关于实行检察官以案释法制度的规定》第十条规定,检察官应当围绕检察法律文书内容及检察机关办案过程中涉及的重点问题,或者释法对象要求说明的重点问题进行释法说理,具体包括认定的案件事实、适用的法律条文、涉及的司法政策、办案的程序和进度、释法对象提出的其他相关问题。因此,不管是申请人提出的与监督案件有关的问题还是无关的问题,从释法说理和促使申请人息诉服判的角度来看,检察机关在法律文书中都应当一一予以回应,能详细阐述说明的详细阐述说明,不能或者不需要详细阐述说明的也要简单说明,不能在文书中不予提及。

4. 释法说理应当详细,说清楚问题

关于不支持监督申请文书是应当详写还是略写,有不同的认识。有人认为,应当以申请人申请监督的理由为基础,逐条详细分析论证法院裁判的正确性、检察机关对申请人的监督申请不予支持的理由,以达到使申请人更进一步理解法院裁判、消解其疑虑、息诉服判和法律宣传的目的;也有人认为,不支持的理由写得越多,漏洞就会越多,越会被申请人抓住“把柄”,因此,不支持监督申请决定书的理由越短越好。我们认为,不支持监督申请决定书的理由不是越短越好,主要理由为:其一,与最高人民检察院对法律文书释法说理的要求不相符。为加强检察环节法律文书以案释法和说理,最高人民检察院于 2017 年先后颁布了《关于试行检察官以案释法制度的规定》和《关于加强检察法律文书说理工作的意见》,而不支持监督申请文书是释法说理的重点。如果法律文书内容过短,很难对法院的事实认定、法律适用和办案程序等问题进行答疑解惑,无法对检察机关做出处理决定依据的事实、证据、法律、政策等进行分析阐述和解释说明。其二,容易给当事人一种工作不负责任的感觉,影响检察机关形象。申请人之所以向检察机关申请监督,也是基于对检察机关的信任。虽然向检察机关申请监督的案件中,多数为不支持监督申请案件,但对所有案件,我们均应当认真对待。如果内容很短,即使检察机关在审查过程中做了许多工作,审查终结报告内容很详细,也很难说服申请人,反而给其一种检察机关工作不负责任的感觉,严重影响检察机关在人民群众中的印象。此外,关于有人认为的说理越多,漏洞越多的问题,这需要从提升检察干警自身能力上下功夫,如果释法说理能力和水平高,这种情况一般不会出现。从笔者所在市的监督实践来看,目前几乎没有因检察机关不支持监督申请文书中存在漏洞而揪住不放,以致缠诉缠访的情况。

5. 用群众读得懂的语言进行说理

不支持监督申请文书是检察机关正式法律文书之一,但与抗诉书、提请抗诉报告书等法律文书不同,不支持监督申请文书的对象主要是普通群众、企业等,多是非法律专业人士和团体,不是一个职业共同体。“由于法律术语、法律职业、法律活动与社会生活空间的相对隔离，一般民众容易对此产生认知上的藩篱，阻碍良好社会秩序的形成。”[①]因每一法条都有一定的法理精神，不经过阐述解释，社会公众难以深知其含义，也就难以理解其检察机关的决定。通过正确而翔实的说理解释，将法律条文中那些抽象甚至对于公众而言是非常生涩的法律专有名词、俗语解释得通俗易懂，使社会公众能够明白法理之意义，从而使申请人满意。而且，“因为法律文书直接承载司法活动，展示司法过程，体现司法结果，只有让公众知晓并明了法律事实的认定和法律适用之间的逻辑关系，才能从根本上化解矛盾”，[②]故不支持监督申请决定书不宜采用过于书面化的语言，要使用人民群众听得懂、看得明的语言来对案件事实和法律的规定进行阐述，尽量平民化。

① 熊德中：《法律文书应如何说理？》，载《光明日报》2014年5月8日。

② 车红：《增强法律文书的说理性》，载《人民日报》2014年2月19日。

案例分析

盗窃罪、诈骗罪、抢夺罪的界分

——析姚某某抢夺案

徐　炜*

一、基本案情

2019 年 3 月 2 日 10 时许,被告人姚某某在邳州市运河镇城西邮政储蓄银行见被害人龚某某(73 岁)携带存折、取款密码办理存款,遂产生了夺取被害人龚某某布包,后到银行取款的犯意,后骑电动自行车尾随被害人龚某某至邳州市运河镇西大桥东 200 米处,乘龚某某不备,快速将被害人龚某某放在自行车车把前车筐内的布包(包内有存折、写有存折密码的存取款凭单、身份证等物)拿走。同日 10 时 20 分许,被告人姚某某到邳州市运河镇新港邮政储蓄银行柜台(以下简称银行柜台)用被害人龚某某的身份证、存折、存折密码支取被害人龚某某存折人民币 8219 元。案发后,赃款均被追回,发还被害人。

2019 年 3 月 5 日 19 时许,被告人姚某某在其居住的楼下被抓获归案,后如实供述了犯罪事实。

二、分歧意见

本案中,对于被告人姚某某的行为如何定性,主要有以下三种意见:

第一种意见认为,被告人姚某某的行为涉嫌诈骗罪。理由是:被告人姚某某以非法占有为目的,实施了两个客观行为:一是夺包行为;二是持被害人龚某某布包内的身份

* 徐炜,江苏省邳州市人民检察院党组书记、检察长。

证、存折、存折密码到银行取款行为。被告人姚某某乘被害人龚某某不备,公然夺取被害人龚某某紧密占有的布包,但夺取的布包及包内存折等物品自身价值小,达不到抢夺罪的立案标准,不构成抢夺罪;被告人姚某某为实现非法占有目的,虚构其系被害人龚某某近亲属,隐瞒向银行柜台工作人员出示的被害人龚某某身份证、存折、存折密码等系抢夺获取的真相,支取被害人龚某某存折,使银行柜台工作人员产生错误认识,交付了被告人姚某某支取的被害人龚某某存折人民币 8219 元,被告人姚某某的行为系三角诈骗,被害人系龚某某,被骗人——财物处分人为银行柜台工作人员,被害人龚某某损失达人民币 8219 元,达到诈骗罪的立案标准,故应以诈骗罪对被告人姚某某定罪处罚。

第二种意见认为,被告人姚某某的行为涉嫌盗窃罪。理由是:被告人姚某某以非法占有为目的,实施了两个行为:一是取包行为;二是持被害人龚某某包内的身份证、存折、存折密码到银行取款的行为。取包的目的就是获取存折内的钱款,取包与取款行为应当视为刑法意义上的一个行为,不应分别评价。被害人龚某某的布包存放在其骑行的自行车车筐子内,被害人龚某某年迈、骑行速度较慢,包与被害人龚某某身体结合得不够紧密,电动车车速不是很快,取包迅速,不会给被害人龚某某人身安全带来威胁(事实上亦未致被害人龚某某身体伤害),取包前及取包时均未被龚某某发现。因此,被告人姚某某的行为为盗窃,根据最高人民法院、最高人民检察院《关于办理盗窃刑事案件适用法律若干问题的解释》(法释〔2013〕8 号)第五条第二项的规定,应认定盗窃数额为人民币 8219 元。

第三种意见认为,被告人姚某某的行为涉嫌抢夺罪。理由是:被告人姚某某乘被害人龚某某不备,公然夺取被害人龚某某紧密占有的布包,存在致被害人龚某某伤亡的现实可能性,应当认定为抢夺。被告人姚某某后续取款行为,与抢夺行为侵害是同一法益——被害人龚某某的财产所有权,取款行为是事后不可罚行为,兑现数额认定为抢夺数额。

三、评析意见

本案中,被告人姚某某以非法占有为目的,乘被害人龚某某不备,夺取被害人龚某某紧密占有的布包,夺取布包的行为存在导致被害人龚某某伤亡的可能性,其行为应当认定为抢夺行为,后续取款行为兑现人民币 8219 元认定为抢夺数额,应以抢夺罪对被告人姚某某定罪处罚。

第一种意见将刑法意义上的一个行为割裂为两个行为分别评价,既与刑法理论相悖,也不符合司法实践。第二种意见机械地理解了紧密占有的含义,无视夺包对被害人龚某某人身安全危害的现实可能性,用伤亡结果未发生否定夺包行为致被害人龚某某伤亡的现实可能性,从而做出错误的定性判断。因此,笔者同意第三种意见,具体理由如下:

1. 本案中,被告人姚某某的行为不符合诈骗罪的犯罪构成,其行为不构成诈骗罪。

诈骗罪,是指以非法占有为目的,使用欺骗方法,骗取数额较大的公私财物的行为。诈骗罪的犯罪的基本构造为:行为人实施欺骗行为—对方(受骗者)产生(或继续维持)错误认识—对方基于错误认识处分财产—行为人或第三者取得财产—被害人遭受财产损失。① 本案中,被告人姚某某的行为不符合这一犯罪构造,不构成诈骗罪,理由为:

(1)被告人姚某某没有实施诈骗行为,银行柜台工作人员交付支取存折款项并非出于认识错误。

根据交易惯例、银行与储户的约定,支取活期存款凭折凭密。支取人提供存折、密码,银行柜台工作人员审查存折真实与否、密码是否正确,存折真实、密码正确,银行柜台工作人员必须交付支取款项。因此,本案中,银行柜台人员交付支取款项是因存折真实、密码正确,且被告人姚某某还提供了被害人龚某某的身份证证实其代为支取的正当性,并非因被告人姚某某虚构同被害人龚某某系近亲属关系,也就是说,被告人姚某某虚构的事实,对财产交付起不到关键、实质性的促进作用,不是诈骗罪的虚构事实行为。财产犯罪的司法认定,应当根据其取得财物的手段来确定,而不能根据后来的犯罪掩盖行为来确定。② 本案中,被告人姚某某虚构其系被害人龚某某近亲属的行为,是一种掩盖行为,不是欺骗手段。

"要成立不真正不作为犯的诈骗罪,必须有告知真相的作为义务(告知义务),还必须能认定,不作为人处于属于这种作为义务之根据的保障人地位。"③本案中,被告人姚某某显然不符合这一条件,没有披露"存折系非法获得,所有权人并未委托其代为支取存折"的义务。试想,如果认定被告人姚某某有真相披露义务,那么认定被告人姚某某有披露真相义务的依据来源为何?怎么能够想象,对一个非法取得并持有他人存折、密码、所有权人身份证支取款项的犯罪嫌疑人,还要求其披露真相,披露真相还能支取存折内款项吗?因此,被告人姚某某不披露真相不是诈骗罪的隐瞒真相行为。

(2)认定被告人姚某某的行为为诈骗,没有对被告人姚某某在非法占有目的支配下的夺包行为对犯罪所起的作用做出评价。

从本案的发展过程来看,被告人姚某某在非法占有目的支配下,先实施夺包行为,后又实施支取存折内款项的行为。没有夺包行为何谈支取存折内款项?夺包行为是决定被告人姚某某行为性质的关键性行为,支取存款影响认定被告人姚某某行为既未遂以及犯罪的具体数额。2013 年 4 月 2 日最高人民法院、最高人民检察院《关于办理盗窃刑事案件适用法律若干问题的解释》第五条第二项、2005 年 6 月 8 日最高人民法院《关于审理

① 参见张明楷:《刑法学》,法律出版社 2016 年版,第 1000 页。

② 参见陈兴良:《论财产犯罪的司法认定》,载《东方法学》2008 年第 3 期。

③ 陈兴良:《合同诈骗罪的特殊类型之"两头骗"定性与处理》,载《政治与法律》2016 年第 4 期。

抢劫、抢夺刑事案件适用法律若干问题的意见》(法发〔2005〕8 号)第六条第二款的规定体现了这一原则。因此,不论能否认定被告人姚某某的行为为三角诈骗行为(实际上不是三角诈骗),以诈骗罪对被告人姚某某定罪处罚,决定案件定性的夺包行为即被忽略,从而违背了罪责刑相一致原则,对被告人姚某某的行为没有做到罚当其罪,刑法的特殊预防与一般预防的功效减弱。

2. 被告人姚某某并非采用平和手段取得被害人龚某某的财产,其以对物暴力的方式强夺他人紧密占有的财物,具有致人伤亡的现实可能性,应当认定为抢夺行为。理由如下:

盗窃与抢夺的区别在于:对象是否属于他人紧密占有的财物,行为是否构成对物暴力。[①] 因此,能否对被告人姚某某的行为做出准确的界定,需要解决四个问题:一是被害人龚某某存放其骑行自行车车把前车筐内布包应否认定为被害人龚某某紧密占有的财物;二是被告人姚某某骑电动车在行进过程中,趁被害人龚某某不备快速拿走布包的行为能否认定为对物使用暴力;三是被告人姚某某骑电动车在行进过程中,趁被害人龚某某不备快速拿走布包的行为是否具有致使被害人龚某某伤亡的现实可能性;四是夺包后的取款行为应否单独评价。下面逐一分析,从而阐明被告人姚某某的行为不应认定为盗窃罪,应当以抢夺罪定罪处罚。

被害人龚某某将布包存放自行车车把前车筐内,布包随时处于其视线范围之内,离其身体特别是手部距离非常近,伸手即可碰触,与挂在身上或者拿在手里无实质性区别。因此,自行车车把前车筐内布包应当认定为被害人龚某某紧密占有的财物。

"暴力"一词在不同的场合具有不同的意义。本案中应采用广义"暴力"的概念。最广义的暴力,包括不法行使有形力的一切情况,其对象不仅可以是人(对人暴力),而且可以是物(对物暴力)。[②] 抢夺罪的暴力即是对物的暴力。从本案来看,被告人姚某某骑行电动车加速超越被害人龚某某骑行的自行车并从自行车车把前车筐内快速拿走布包的过程中,手接触布包就产生了一个有形的作用力,使布包快速离开自行车车把前车筐,脱离被害人龚某某的控制,实现非法占有布包。因此,应当认定为被告人姚某某对布包使用了"暴力"。

布包在快速离开自行车车筐、脱离被害人龚某某控制过程中,一旦擦挂车筐、车把等部位,有形的作用力即作用于自行车致自行车失控,从而可能致被害人龚某某倒地受伤。因此,被告人姚某某夺取布包的行为存在致被害人龚某某伤亡的现实可能性,其夺取布包的行为应当认定为抢夺行为。

被告人姚某某夺包,用布包内存折、存折密码取款都是为了非法占有被害人龚某某

① 参见张明楷:《盗窃与抢夺的界限》,载《法学家》2006 年第 2 期。

② 参见张明楷:《刑法学》,法律出版社 2016 年版,第 707 页。

存折内的钱款，二者均指向被害人龚某某的财产所有权。夺包行为在先，取款行为在后，只有取款变现，夺包行为的价值才能实现，取款是一种事后不可罚行为，割裂二者单独评价取款行为无法对被告人姚某某的行为性质作出准确的认定。因此，夺包行为决定被告人姚某某行为性质，取款行为影响被告人姚某某犯罪既未遂以及抢夺数额的认定，被告人姚某某从银行取款人民币 8219 元即本案的抢夺数额。

四、处理结果

邳州市人民检察院经审查认为，被告人姚某某抢夺他人财物，数额较大，构成抢夺罪。2019 年 5 月 27 日，以被告人姚某某犯抢夺罪向邳州市人民法院提起公诉。2019 年 6 月 4 日，邳州市人民法院经开庭审理认为，被告人姚某某以非法占有为目的，乘他人不备，公然夺取他人财物，数额较大，判决被告人姚某某犯抢夺罪，判处有期徒刑 10 个月，并处罚金人民币 3000 元。判决后，被告人姚某某没有上诉，判决已经发生法律效力。

图书在版编目(CIP)数据

检察研究. 2019年. 第3辑 / 江苏省人民检察院组织编写. -- 北京 : 法律出版社, 2019
ISBN 978-7-5197-3308-7

Ⅰ. ①检… Ⅱ. ①江… Ⅲ. ①检察机关-工作-中国-文集 Ⅳ. ①D926.3-53

中国版本图书馆CIP数据核字(2019)第054918号

《检察研究》2019年第3辑
《JIANCHA YANJIU》2019 NIAN DI 3 JI

江苏省人民检察院 组织编写

责任编辑 许 睿
装帧设计 李 瞻

出版 法律出版社
总发行 中国法律图书有限公司
经销 新华书店
印刷 永清县金鑫印刷有限公司
责任印制 胡晓雅

编辑统筹 司法实务出版分社
开本 787毫米×1092毫米 1/16
印张 7.75
字数 159千
版本 2019年9月第1版
印次 2019年9月第1次印刷

法律出版社/北京市丰台区莲花池西里7号(100073)
网址/www.lawpress.com.cn
投稿邮箱/info@lawpress.com.cn
举报维权邮箱/jbwq@lawpress.com.cn
销售热线/400-660-8393
咨询电话/010-63939796

中国法律图书有限公司/北京市丰台区莲花池西里7号(100073)
全国各地中法图分、子公司销售电话:
统一销售客服/400-660-8393/6393
第一法律书店/010-83938432/8433　西安分公司/029-85330678　重庆分公司/023-67453036
上海分公司/021-62071639/1636　深圳分公司/0755-83072995

书号:ISBN 978-7-5197-3308-7　**定价:**28.00元
(如有缺页或倒装,中国法律图书有限公司负责退换)